Hans A. Pestalozzi

Nach uns die Zukunft

Hans A. Pestalozzi

Nach uns die Zukunft

Von der positiven Subversion

Büchergilde Gutenberg

Lizenzausgabe für die Büchergilde Gutenberg,
Frankfurt am Main,
mit Genehmigung des Zytglogge Verlags, Bern

Lektorat: Willi Schmid
Einbandgestaltung: Günther Stiller, Taunusstein
Satz und Druck:
W. Kohlhammer Druckerei GmbH + Co., Stuttgart
Bindung: Klemme & Bleimund, Bielefeld
Printed in Germany 1982 ISBN 3-7632-2654-0

Inhalt

Die Widersprüche unserer Gesellschaft

Fall I: Moralische Prinzipien

1. Beispiel
Kaum eine andere Erfindung hat die Menschheit in eine derartige Abhängigkeit gebracht wie das Auto. Das Autogewerbe aber behauptet einfach das Gegenteil. Der Slogan des diesjährigen Genfer Automobilsalons lautete: ›Das Auto macht uns unabhängig!‹ Was macht's? Kein Mensch nimmt doch an, daß Werbung der Wahrheit entsprechen müsse. Wundert Sie das denn eigentlich nicht? Ist es für Sie bereits eine Selbstverständlichkeit, daß Ihre Kinder tagtäglich mit Aussagen und Behauptungen überhäuft werden, bei denen man von vornherein annimmt, daß sie kaum der Wahrheit entsprechen?

2. Beispiel
Die an der Atomindustrie kommerziell interessierten Kreise behaupten skrupellos, wir brauchten Atomkraftwerke, um uns von der Auslandsabhängigkeit in der Energieversorgung zu lösen. Jedermann, der auch nur einigermaßen informiert ist, weiß ganz genau, daß das Gegenteil zutrifft: daß uns die Atomenergie in eine totale Uran-Abhängigkeit vom Ausland

Der Originaltitel lautete: ›Der Lehrer zwischen Lüge und Wahrheit.‹ Vortrag gehalten anläßlich der Tagung der Interkantonalen Mittelstufenkonferenz in Solothurn vom 23. November 1977.

bringt. Was macht's? Kein Mensch scheint anzunehmen, daß Argumente in der politischen und wirtschaftlichen Auseinandersetzung der Wahrheit entsprechen, wenn sie von Lobbykreisen stammen.

3. Beispiel
Haben Sie sich schon einmal überlegt, weshalb man in der Wirtschaft von frisierten Bilanzen spricht? Frisiert heißt in der nicht-wirtschaftlichen Sprache ›unwahr‹. Weshalb gibt es kaum ein Unternehmen, das eine unfrisierte Bilanz veröffentlicht, also ehrlich über seine Finanzlage informiert? Und weshalb gibt kaum ein Unternehmen über seine wirtschaftlichen und personellen Verflechtungen wahrheitsgemäß Auskunft? Und weshalb ist kaum ein Unternehmen bereit, eine ökologische Buchhaltung oder gar eine Sozialbilanz mit öffentlichem Kontrollrecht zu erstellen? Aus dem einzigen Grund: Man behält sich vor, ob man die Wahrheit sagen will oder nicht. Und hat das Bankgeheimnis denn überhaupt einen anderen Sinn, als unkontrolliert lügen zu können?

Kann mir jemand von Ihnen sagen, weshalb eigentlich im Wirtschaftsleben die elementarsten moralischen Prinzipien nichts gelten? Weshalb sind im Wirtschaftsleben Lüge und Wahrheit Ermessenssache der Manager? Ich nehme an, daß Sie von Ihren Kindern verlangen, daß sie die Wahrheit sagen. Vielleicht bestrafen Sie sogar die Kinder, wenn sie lügen. Erklären Sie Ihren Kindern aber, daß diese Prinzipien für die ›Stützen unserer Gesellschaft‹ nicht gelten? Wie erklären Sie es?

Fall II: Demokratie

Einige Fakten

- 76% der Schweizer Arbeiter gehen überhaupt nie zur Urne.
- Von den insgesamt gegen 130 in der Eidgenossenschaft eingereichten Volksinitiativen sind sieben (!) angenommen worden.
- Die Stimmbeteiligung in der Schweiz sank von durchschnittlich über 50% in den Jahren vor 1959 auf heute noch 38%.
- Der Finanzaufwand für eine Volksabstimmung seitens der wirtschaftlich daran interessierten Kreise erreicht siebenstellige Zahlen.
- Rund 10% der Bevölkerung gehören einer Partei an; nur noch 6% der Bevölkerung haben eine positive Einstellung zu den Parteien. Im Parlament aber sitzt meines Wissens kein einziger parteiloser Volksvertreter.

Ist angesichts dieser Tatsachen unsere Demokratie nicht schon längst eine Fiktion? Die Ideologen der heutigen Struktur verlangen eine ›Verwesentlichung der Demokratie‹, was nichts anderes heißt als eine weitere Einschränkung der Volksrechte – und das Volk scheint zuzustimmen. Weshalb bringen wir es nicht fertig, uns ganz ehrlich einzugestehen, daß wir in der Schweiz eine Demokratie haben, die zwar formal funktioniert, die jedoch in ihrem politischen Gehalt schon längst mehr als fragwürdig geworden ist, sobald es um mehr geht als um Entscheide über Schulhausbauten, Quartierstraße und Altersheime? Ober haben Sie nie daran gedacht,

- daß in der heutigen sogenannten Demokratie der Bürger im gesamten Willensbildungs- und Entscheidungsprozeß kein einziges Wort mitzureden hat, während die interessierten Wirtschaftskreise im sogenannten Vernehmlassungsverfahren und in den sogenannten geschlossenen Sitzungen all ihre Forderungen anbringen können?
  Der Bürger darf höchstens ja oder nein sagen.
- daß die Volksinitiative mit dem Instrument des Gegenvorschlages völlig zur Farce gemacht wurde?
- daß in der Volksabstimmung Geld wichtiger ist als Argumente?
- daß man wohl über die Quartierstraße abstimmen darf, nicht aber über die das Dorf zerstörende Expreß- oder Nationalstraße?
- daß die Beträge, über die wir entscheiden dürfen, geradezu lächerlich sind im Vergleich zu den Milliarden, die von der Wirtschaft jährlich investiert werden, die auch aus unserem Portemonnaie stammen und die für die Struktur unserer Gesellschaft viel entscheidender sind?
- daß wir stolz darauf sind, über die Alters- und Hinterbliebenen-Versicherung entscheiden zu können, daß wir aber machtlos zusehen müssen, wie hundert oder gar tausend Arbeiter entlassen werden, weil irgendein Multi-Boß in Panama dies entschieden hat?
- daß man beim wichtigsten staatlichen Ausgabenposten – der Armee – dem Volk schlicht und einfach die Urteilsfähigkeit abspricht?

Aber auch wenn wir nur die formale Seite betrachten: Auf welche Lebensbereiche erstreckt sich denn unser

Bekenntnis zur Demokratie? Ist etwa die Schule demokratisch? Oder das Kulturleben? Oder die Armee? Oder die Kirche? Oder die Durchschnittsfamilie? Oder gar die Wirtschaft, die Industrie, die Banken, die es tatsächlich sogar fertiggebracht haben, dem Schweizervolk beizubringen, ein erster, winziger Schritt in Richtung Demokratisierung unserer Wirtschaft, wie es die Mitbestimmungsinitiative anstrebte, liege nicht im Interesse des Volkes?
Wie viele Prozente unseres Lebens basieren denn eigentlich auf demokratischen Prinzipien?
Zeigen Sie Ihren Kindern, wie statt der deklamierten Demokratie in Wirklichkeit eine straff hierarchisch organisierte, oligarchische Plutokratie unsere Wirtschaft und Gesellschaft bestimmt?
Stellen Sie den Vergleich an zur Urdemokratie, wie sie sich zum Beispiel in den Allmendgenossenschaften zeigte, mit Strukturen, die auf Partnerschaft, Gleichberechtigung, Solidarität beruhten?

Fall III: Freiheitsrechte

Für eine Aussprache in unserem Institut über die Frage, ob die Lehrer objektiv informiert werden, suchten wir einige Referenten. Mehrere Lehrer haben abgelehnt mit der Begründung, sie riskierten sonst ihre Stelle. Sie kennen den Fall der Lehrerin, die entlassen wurde, weil sie mit den Schülern Walter Matthias Diggelmann gelesen hat. Sie kennen vielleicht den Fall des Bankangestellten, der entlassen wurde, weil er Mitglied der Vereinigung ›Christen für den Sozia-

lismus‹ war. Ich renne mit diesen Beispielen wahrscheinlich offene Türen ein. Sie könnten die Liste vermutlich beliebig verlängern.
Wo sind denn eigentlich unsere verbrieften Freiheitsrechte noch geblieben? Die Redefreiheit? Die Versammlungsfreiheit? Weshalb will man denn nicht wahrhaben, daß unsere Freiheitsrechte schon längst nicht mehr vor staatlichen Übergriffen geschützt werden müssen, daß sie aber durch die Ansprüche einer sich immer totalitärer gebärdenden Wirtschaft schon großenteils außer Kraft gesetzt worden sind? Sagen Sie das Ihren Kindern, wenn Sie das Rütli besuchen oder wenn Sie den Bundesbrief oder die Verfassung von 1848 oder 1874 behandeln?
(In diesem Zusammenhang: Schildern Sie Wilhelm Tell Ihren Kindern als Freiheitshelden oder als Terroristen?)

Fall IV: Rechtsstaat

1. Beispiel
Der Vater fährt mit seinem Töchterchen in die Stadt. Es passieren dem Vater folgende ›Mißgeschicke‹: Überschreiten der Geschwindigkeitsbeschränkung, leichtes Überfahren einer Sicherheitslinie, rollender Halt an einer Stoppstraße, Erzwingen eines Rechtsvortritts. Die Tochter reagiert wohl kaum. Für den Vater sind dies ja alles Selbstverständlichkeiten.
Jede einzelne dieser Übertretungen hätte zwar ein Menschenleben fordern können. Zuhause liegt eine Meldung vor, das Mädchen sei beim Diebstahl eines

Kaugummis erwischt worden. Wie reagiert wohl der Vater?

2. Beispiel
Unser Strafgesetzbuch bestimmt, daß folgende Tatbestände bestraft werden müssen:

- Wer fahrlässig den Tod eines Menschen verursacht (hier kommt mir beispielsweise die Reklame der Tabakindustrie in den Sinn, oder die Weigerung der pharmazeutischen Industrie, gewisse rentable Suchtmittel der Rezeptpflicht zu unterstellen).
- Wer vorsätzlich oder fahrlässig einen Menschen an Körper oder Gesundheit schädigt (hier kommt mir beispielsweise Seveso in den Sinn, oder Bleibenzin, oder Fluor aus der Aluminiumindustrie im Wallis).
- Wer jemanden durch Vorspiegelung oder Unterdrückung von Tatsachen irreführt (hier kommen mir beispielsweise die Mogelpackungen in den Sinn, oder der große Teil unserer Werbung ganz allgemein).

Es gibt sogar eine Bestimmung, die folgendermaßen lautet:
›Wer als Gründer, Teilhaber, Geschäftsführer, Direktor, Bevollmächtigter, als Mitglied eines Verwaltungs- oder Kontrollorgans oder als Liquidator einer Handelsgesellschaft oder einer Genossenschaft in öffentlichen Mitteilungen oder in Berichten oder Vorlagen an die Generalversammlung unwahre Angaben von erheblicher Bedeutung macht oder machen läßt, wird mit Gefängnis oder Buße bestraft.‹

Können Sie mir sagen, weshalb alle diese Bestimmungen auf das Verhalten in der Wirtschaft nicht angewendet werden?

3. Beispiel
(Ein Beispiel, das ich immer wieder zitieren muß:) Ich las in der Zeitung, daß im Kanton Appenzell ein Bauernbub verbrannt sei, weil sein Pullover Feuer gefangen habe. Nach einiger Zeit schickte ich eine Mitarbeiterin zu diesem Bauern, um zu überprüfen, wie er auf den Fall reagiert habe. Der Bauer setzte sich mit dem Warenhaus, in welchem der Pullover gekauft worden war, in Verbindung. Das Warenhaus berief sich darauf, es handle sich beim Pullover um marktgängige Ware, es lehne jede Haftung und Verantwortung ab; der Bauer müsse sich an den Hersteller der Faser wenden. Hersteller war ein Multi, ein multinationales Unternehmen. Können Sie sich nun diesen kleinen Appenzeller Bauern vorstellen, der einen Prozeß gegen einen Multi anstrebt, weil dieser fahrlässig den Tod seines Buben verursacht hat? An sich wäre das ein Fall für den Strafrichter gewesen. Aber auch der reagierte natürlich nicht. Wie soll der Bauer privatrechtlich gegen den Multi vorgehen?
Aber das Beispiel schildert ja nur die Normalsituation zwischen den einzelnen Konsumenten und der Wirtschaft. Recht wird zur reinen Machtfrage.

4. Beispiel
Die Idealisten, die in Kaiseraugst und Gösgen gegen den Atom-Irrsinn demonstrierten, versuchte man zu kriminalisieren, indem man ihnen Rechtsbruch vor-

warf. ›Gefahr für den Rechtsstaat‹, hieß die Parole der Atomlobby, die von der Schweizer Presse fast unisono übernommen worden war. Wo blieb denn der Ruf nach dem Rechtsstaat, als nachgewiesen wurde, daß die Bewilligungen für Atomkraftwerke rechtswidrig erteilt worden waren?

5. *Beispiel*
Junge Mitbürger, die es mit ihrem Gewissen nicht vereinbaren können, Militärdienst zu leisten, werden eingesperrt und als Verräter gebrandmarkt. Regimentskommandanten, die sich trotz Millionenvermögen durch Anwendung von Steuertricks weigern, dem Staat die für die Landesverteidigung notwendigen finanziellen Mittel zukommen zu lassen, werden vom Staat geschützt. Sie gelten nach wie vor als ›staatserhaltende Elemente‹.

Wie erklären Sie Ihren Kindern eigentlich, was Recht und was Unrecht ist, und wie die Prinzipien des Rechtsstaates?

Fall V: Eigenstaatlichkeit

Die Bundesverfassung verpflichtet die Eidgenossenschaft, die Unabhängigkeit der Schweiz zu wahren. Auch die Existenz unserer Super-Armee rechtfertigen wir mit dem Auftrag, die schweizerische Eigenständigkeit sichern zu müssen. Sehen wir denn nicht, daß es viel gefährlichere Bedrohungen gibt, gegen die eine Armee machtlos ist? Was hätte die Armee tun sollen, als es darum ging, uns vor der Coca-Cola-Kultur zu bewahren? Oder vor der totalen wirtschaftlichen Abhängigkeit vom Ausland? Oder vor der Konzentration in der Landwirtschaft, die nicht mehr in der Lage ist, unsere Bevölkerung zu ernähren? Und sehen Sie unsere Panzer und Kanonen im Einsatz

- gegen eine ökologische Katastrophe, die wir durch unsere Expansionswirtschaft geradezu heraufbeschwören?
- gegen die immer krasser werdende Diskrepanz zwischen den Entwicklungsländern und der industrialisierten Welt? (Schweizer Panzer im Nord-Süd-Konflikt?)
- gegen die Provokation der Multis, die in eigener Kompetenz darüber entscheiden wollen, was der Menschheit und unserem Lande frommt?

Zeigen Sie den Kindern diese Bedrohungen auf?
Zeigen Sie die Prioritäten auf?
Zeigen Sie auf, wie die Armee bzw. die von der Armee profitierenden Wirtschaftskreise verhindern, daß diese Prioritäten überprüft werden?
Oder sind Morgarten[1] und Sempach[1] noch immer Ihre Orientierungshilfen?
Sollten wir nicht noch einmal – wie 1515 in Marignano[2] – zugeben, daß wir falsch gelaufen sind? Haben wir den Mut und die Energie zur Umkehr?
Warum nicht ein neues, diesmal wirtschaftliches Marignano?

[1] Morgarten (1315), Sempach (1386): Schweizerische Heldenschlachten.

[2] Marignano: Niederlage der Schweizer, die dazu führte, daß sich die Schweiz aus der militärischen Machtpolitik zurückzog.

Fall VI: Arbeit und Freizeit

Negotium als lateinischer Begriff für Arbeit ist die Verneinung von Otium. Das Positive, das Primäre ist Otium, das heißt Leben, Leben gestalten, Muße. Arbeit als Negotium ist die negative Form dieses Lebens. Wir bringen den Kindern immer noch bei: ›Müßiggang ist aller Laster Anfang!‹ Mein zwölfjähriger Sohn mußte kürzlich eine Strafaufgabe schreiben mit dem Titel ›Arbeit kommt vor dem Vergnügen‹, weil er eine Hausaufgabe vergessen hatte. Kann sich eigentlich ein solcher Lehrer das bittere Lächeln eines jugendlichen Arbeitslosen bei solchen Sprüchen nicht vorstellen? Theoretisch wollen zwar auch wir mit solchen Sprüchen den Kindern nichts anderes weismachen, als daß wir eben arbeiten müssen, um überhaupt leben zu können. Hat denn die Entwicklung der letzten Jahre nicht allen gezeigt, daß wir diese Reihenfolge längst pervertiert haben? Wir müssen konsumieren, konsumieren, konsumieren . . ., damit genügend Arbeit da ist. Ist dies nicht eine Kapitulation unserer Gesellschaft vor den Mechanismen unseres sogenannten Systems? Wie einfach wäre es doch in einer vernünftigen Gesellschaft, die von solchen Zwängen befreit wäre, die Arbeit anders zu verteilen! Zeigen Sie das Ihren Kindern auf? Oder stimmen Sie in den Chor der stramm Marschierenden ein: Arbeit kommt vor dem Vergnügen? (Ist das nicht das Pendant zu ›Kraft durch Freude‹?)

Das sind sechs Fälle aus dem Bereich ›Pädagogik und Wirklichkeit‹. Ich habe versucht, die Wirklichkeit zu schildern. Was machen Sie in der Pädagogik damit? Sie wissen selbst, daß Sie meine Beispiele unbeschränkt ergänzen könnten:

- Was zeigen Sie Ihren Kindern: die phänomenalen Fähigkeiten der Dentalmedizin oder die Ursachen des katastrophalen Zustandes unserer Zähne?
- Was ist in Ihrem Unterricht wichtiger: die unbegrenzten Möglichkeiten der modernen Bauwirtschaft oder die Häßlichkeit unserer Städte?
- Was bringen Sie Ihren Kindern bei: daß die von der Werbung geforderte strahlende Sauberkeit unseres Alltags notwendig sei oder daß die moderne Hygiene die Abwehrkräfte unserer Körper zerstöre?
- Was ist das Entscheidende am Computer: die gehirnähnlichen Funktionen oder der drohende Totalitarismus à la Huxley oder Orwell?
- Was ist das Entscheidende am Auto: daß wir uns theoretisch individuell völlig mobil bewegen können oder daß wir pro Jahr 250 000 Menschen umbringen, Millionen Krüppel und Waisen hinterlassen, Städte und Landschaften zerstören und schließlich – totale Umkehrung des sogenannten technischen Fortschrittes – die Mobilität wieder aufheben, indem wir im Stoßverkehr steckenbleiben und für den Weg zur Arbeit länger brauchen als früher zu Fuß?

Ich übertreibe nicht, ich ideologisiere nicht, ich stelle ganz einfach nur fest.
Noch nie ist einer dieser Feststellungen in einem meiner Vorträge grundsätzlich widersprochen worden.

Aber das ist genau das, was mich jeweils fast zur Verzweiflung treiben kann. Wenn ich vor Managern spreche, werden alle die Widersprüchlichkeiten, die Verlogenheiten, ja Schizophrenien meist kommentarlos akzeptiert – mit dem leicht süffisanten Schulterzucken: Na und?
Genau das ist die Frage: Na und?
Sind wir derart in den Mechanismen, in den Zwängen unseres Systems und in den sogenannten Sachzwängen gefangen, daß uns nichts anderes mehr übrigbleibt als dieses: Na und?
Und was ist naheliegender in dieser ›Na-und-Situation‹, als einen Sündenbock zu suchen. Nun, Sie kennen den Sündenbock:
Eben gestern hat mich ein Brief eines solchen Managers erreicht: Weshalb gehen Sie eigentlich immer nur auf die Manager los? fragt er mich, und dann wörtlich: ›Angesprochen sind ganz bestimmt an erster Stelle die Lehrer auf allen Ebenen, von den sogenannten Volksschulen oder auch Vorschulen bis hinauf zu den Universitäten. Hier im kindlichen Alter muß die erste Erziehung zu einer positiven Lebensauffassung und -gestaltung gelegt werden, wenn man später nicht Schiffbruch in so breiter Front erleiden will.‹
Sie als Lehrer müssen herhalten.
Und in der Tat: Sie als Lehrer sind wohl fast die einzigen, die vom Beruf her in der Lage wären, diese Sachzwänge, diese Systemzwänge, diese Mechanismen zu durchbrechen. Sie hätten es in der Hand, die Generation, die schon in zehn, zwanzig Jahren die Verantwortung übernehmen wird, mit diesen Verlogenhei-

ten vertraut zu machen. Ist es nicht wie in einer Psychoanalyse: Wäre nicht die Einsicht schon die Heilung?

Und nun stelle ich in meinen alltäglichen Erfahrungen fest, daß meine Kinder in einer Gemeinde zur Schule gehen,

– in welcher die Pädagogik noch heute vorwiegend aus Ohrfeigen, Strafaufgaben, Schularrest und Drohungen mit Institutseinweisung zu bestehen scheint.
– in welcher sogar der Dorfpolizist die Kinder auf den Posten befiehlt und sie 600mal schreiben läßt: ›Lügen haben kurze Beine‹ – offensichtlich mit Billigung der Lehrer.
– in welcher sich die junge Lehrerin weigert, mit den Eltern zusammenzuarbeiten: ›Schließlich bin *ich* die ausgebildete Pädagogin.‹
– in welcher die Schulpflege im Elternbulletin ihrer Genugtuung über die Arbeitslosigkeit Ausdruck gibt, denn so lernten die Kinder wieder Respekt vor der Arbeit, und so werde es eher gelingen, dem Drogenkonsum Herr zu werden – ohne daß ein Lehrer protestiert.
– in welcher der Sportplatz für die Kinder dort gebaut wird, wo Vieh aus gesundheitlichen Gründen nicht mehr grasen darf – nämlich längs der Autobahn – und die Lehrer gehen dorthin statt in den nahen Wald.
– in welcher die Kinder, ohne Information der Eltern, von den Lehrern gezwungen werden, täglich

Fluortabletten zu schlucken, obschon sogar auf den Salzpaketen die Warnung aufgedruckt ist, daß neben dem mit Fluor angereicherten Salz, das von über 90% der Bevölkerung bevorzugt wird, keinerlei Fluor mehr eingenommen werden darf.

- in welcher die Lehrerin als Lernziel angibt: Disziplin, Disziplin und nochmals Disziplin.
- in welcher die Kinder ermahnt werden, sich endlich anständig zu benehmen, die Schule hätte einen derart schlechten Ruf.

(Ich bitte die Lehrer, die sich nicht so verhalten, für diese Pauschalisierung um Entschuldigung.)

Und auf Grund dieser Erfahrungen stellt sich dann die bittere Frage: Ist diese Art Schule, wie ich sie eben geschildert habe, nicht diejenige Schule, die unsere Kinder viel besser auf die Wirklichkeit vorbereitet?
Dürfen wir überhaupt kritische Kinder erziehen, wenn wir uns selbst kaum mehr getrauen, kritisch zu sein, weil wir sonst die Stelle verlieren?
Dürfen wir überhaupt selbstbewußte Kinder erziehen, wenn doch allein der Notendruck die gesellschaftlich notwendige und von vielen Eltern geforderte Promotion gewährleistet?
Dürfen wir zufriedene Kinder erziehen, wenn doch unsere Leistungsgesellschaft dazu im diametralen Gegensatz steht?
Dürfen wir genügsame Kinder erziehen, auch wenn unsere Konsumgesellschaft das Gegenteil fordert?
Dürfen wir solidarische Kinder erziehen, oder schaffen wir dadurch nicht Versager in einer erbarmungslosen Konkurrenzgesellschaft?

Ich kann diese Fragen für Sie nicht beantworten. Wahrscheinlich stehen viele – die meisten – von Ihnen tagtäglich vor der Gewissensfrage: Ist es nicht doch in erster Linie meine Aufgabe, die Kinder auf die heutige Wirtschaft vorzubereiten? Und das heißt: Leistungsdruck, Konkurrenzdenken, Rücksichtslosigkeit, Prestige, Kampf usw. usf.
Aber dürfen Sie die Frage heute überhaupt noch in dieser Form stellen? Sollten Sie sich nicht tagtäglich in Erinnerung rufen, daß wir in einer Gesellschaft leben,

- in der die Selbstmordrate von Jahr zu Jahr zunimmt,
- in der die Verbrechensrate von Jahr zu Jahr steigt,
- in der der Zwang zur Flucht aus der Wirklichkeit durch Alkohol, durch Drogen, durch Medikamentenmißbrauch von Jahr zu Jahr steigt,
- in der die neurotischen Erkrankungen in horrendem Maße zunehmen,
- in der sich alle sozialen Gebilde und alle sozialen Bezüge des einzelnen Individuums immer mehr auflösen?

Wenn man sich all dieser Entwicklungen einmal in aller Schärfe bewußt geworden ist – und es dürfte Ihnen schwerlich gelingen, auch nur eine positive Entwicklung aufzuzeigen –: Gibt es dann überhaupt noch eine Alternative, als Nein zu sagen,

Nein zu den Wertmaßstäben der heutigen Gesellschaft,

Nein zu den Zwängen der heutigen Gesellschaft, Nein zu den Widersprüchlichkeiten und Verlogenheiten der heutigen Gesellschaft?

Aber beurteilen Sie bitte meinen ständigen Appell zum Nein nicht falsch. Es ist wirklich *kein negatives Nein,* es ist durch und durch *ein nicht-verlogenes Ja zum Leben.* Aber *wie* sage ich Nein? Kann ich überhaupt noch Nein sagen? Oder ist die Existenzangst jedes einzelnen Lehrers bereits derart groß, daß gar nichts mehr anderes übrigbleibt, als zu kuschen? Oder weshalb lassen wir uns denn in Zürich einen Gilgen[1] gefallen, ohne daß es zu einem umfassenden Protest kommt? Oder weshalb akzeptieren wir einen Wyser[1] in Solothurn, ohne daß wir zum Streik aufrufen? Oder weshalb akzeptieren wir dann einen Scherer[1] in Zug, ohne daß es zu einer umfassenden Solidarisierung kommt? Oder weshalb akzeptieren wir dann einen Fall Erlenbach[2], ohne daß wir 50, 100, ja 1000 Erlenbachs schaffen? Und weshalb akzeptieren wir dann einen Fall Embrach[2] und Urdorf[2], ohne daß wir notfalls sogar auf die Straße gehen?

Ich sehe keine andere Möglichkeit, als daß es endlich zu einer umfassenden Solidarisierung kommt, daß es endlich zu jener Solidarisierung der kritischen, fortschrittlichen, also positiven Lehrer kommt, die allein es fertigbringen kann, die Ohnmacht des einzelnen in

[1] Es handelt sich um besonders repressive Erziehungsminister (Regierungsräte) schweizerischer Kantone.

[2] In diesen Ortschaften gibt es Beispiele praktizierten Berufsverbots.

eine Macht der Gemeinschaft umzuwandeln. Der Lehrer darf sich nicht mehr länger hinter seinem Individualismus verschanzen.

Individualismus ohne Solidarität ist Feigheit.
Individualismus ohne Engagement ist Flucht.

Aufruf zur Subversion

1. Beispiel

Eine junge Lehrerin hat eine etwas verwilderte Klasse der Oberstufe zu übernehmen. Der Hauptauftrag lautete offensichtlich, Ordnung in diese Klasse zu bringen.

An einem der ersten Tage diktiert sie den Schülern folgendes:

– Wer ein Buch, ein Heft oder sonst etwas vergißt, geht nach Hause, um es zu holen. Die verpaßte Zeit wird selbstverständlich nachgeholt.
– Aufgaben werden zu Hause gemacht. Das heißt, wenn jemand die Aufgaben nicht gemacht hat, geht er nach Hause, sofort, um sie zu machen. Die Zeit wird wiederum nachgeholt.
– Wer dreimal zu spät kommt, holt die verpaßte Zeit am Mittwochnachmittag drei Stunden lang nach.
– Arbeitsblätter ohne Namen wandern in den Papierkorb, da sie niemandem gehören. Diejenigen, die ihre Aufgaben nicht zurückerhalten, schreiben das ganze Arbeitsblatt ab. Arbeitsblätter, die mißhandelt werden, müssen ebenfalls ganz abgeschrieben und -gezeichnet werden.
– Schimpfwörter, die nicht zu einer anständigen Erziehung passen, die jedoch vom Lehrer gehört wer-

Der Originaltitel lautete: ›Der Lehrer zwischen Lüge und Wahrheit, 2. Teil‹. Vortrag gehalten anläßlich der Herbstkonferenz des Kantonalen Lehrervereins, Sektion Unterrheintal, in Heerbrugg vom 11. November 1978.

den, müssen das erste Mal 500mal geschrieben, die weiteren tausendmal geschrieben werden.

- Werden Kaugummi, Bonbons usw. geschleckt, geht der Schüler eine Stunde vor die Türe. Die Zeit wird nachgeholt.
- Sachen herumspicken und andere Unordentlichkeiten: Solche Schüler werden Gehilfen des Ordnungschefs. Auf dessen Geheiß räumen sie täglich das Schulzimmer auf, bis der Lehrer zufrieden ist.
- Gleichzeitig: Alle Vergehen, die die Zeugniseintragungen Fleiß und Pflichterfüllung, Ordnung und Reinlichkeit, Betragen betreffen, werden vom Schüler persönlich mit Datum und Unterschrift in einem Heft festgehalten. Fünf Einträge in einem Semester haben ein Befriedigend zur Folge. Acht Einträge haben ein Unbefriedigend zur Folge.

Dies ist nicht 19. Jahrhundert! Dies sind nicht die dreißiger Jahre! Dies ist November 1978, 7. Schuljahr!
Ist es ein extremer Einzelfall? Oder ist für uns denn ›Ordnungmachen‹ immer noch gleichbedeutend mit ›Bestrafen‹? Ist dies aber nicht letzten Endes Erziehung zum Kriechen, zum Kuschen, zum Parieren, zum sich Einordnen, sich Unterordnen? Wollen wir aber nicht unsere Kinder zu selbständig denkenden, selbständig urteilenden, selbständig handelnden Demokraten erziehen?

2. Beispiel
Im Herbst 1977 fand in Tiflis die erste Weltkonferenz für Umwelterziehung statt. Trotz aller politischen

Differenzen war man sich sehr rasch einig über die Priorität der Umwelterziehung zur Abwendung ökologischer Gefahren, und man fand sich in markanten Empfehlungen zuhanden der Regierungen. Im Mai dieses Jahres legten der Delegationsleiter, Vizedirektor eines Bundesamtes, und der Direktor des WWF Schweiz die wichtigsten dieser Empfehlungen und den Vorschlag eines Aktionsprogrammes für die Schweiz der Erziehungsdirektorenkonferenz vor. Man wies auch auf die Pionierleistungen privater Organisationen hin und machte die Herren unter anderem mit den Umweltmagazinen des WWF bekannt. Das Thema war sehr rasch erledigt. Der Stadtbasler Erziehungsdirektor sagte wörtlich: »Ich bin froh, daß ich als Politiker solche Hefte nicht zu lesen brauche.« Und der Präsident der Erziehungsdirektorenkonferenz, ein bekannter Zürcher Regierungsrat, rundete die Diskussion ab: »Es ist fraglich, ob unser System eine Durchdringung der Schulen mit den Anliegen der Umwelterziehung überhaupt zuläßt.«
Wir geben aber vor, unsere Kinder zu umweltbewußten, der Erhaltung des Lebens verpflichteten Menschen heranzuziehen!

Ich bin überzeugt, daß Sie alle – ausnahmslos – den Willen haben, die Ihnen anvertrauten Schüler zu demokratischen, christlichen, dem Leben verpflichteten Menschen heranzuziehen. Mit diesen zwei Beispielen wollte ich einmal mehr zeigen, wie unser ›guter Wille‹ ständig in Widerspruch zur Wirklichkeit gerät. Nur wenigen gelingt es, sich diesen Widersprüchlichkeiten, ja Verlogenheiten zu entziehen.

Nur wenige können, oder wollen, sich dagegen wehren. Es soll kein Vorwurf sein. Ich begreife Sie heute besser als vor einem Jahr. Viele Leute haben mich zu meinem Mut beglückwünscht, den ich mit meinem ersten Lehrervortrag bewiesen hätte. Es war nicht Mut. Es war naiver Glaube an eine deklamierte Redefreiheit. Wenn ich vor einem Jahr gewußt hätte, was auf mich zukommen würde – ich glaube nicht, daß ich gesagt hätte, was ich gesagt habe.
Auf dem Höhepunkt der TAT-Krise erhalte ich ein Telephon von einer Frau Augstein aus Hamburg. Ich kenne Rudolf Augstein, den Herausgeber des ›Spiegels‹. Die Frau Augstein beruft sich auf ihren Mann, er sei empört über die Geschichte mit den TAT-Redaktoren. In Hamburg herrsche große Aufregung, weil es erstmals in der Geschichte der westlichen Presse geschehen sei, daß Journalisten wegen eines Streiks auf die Straße gestellt würden. Ihr Mann hätte im Sinn, eine große Sache im ›Spiegel‹ zu schreiben, und ich solle doch unbedingt ein Gespräch zwischen Rudolf Augstein und Pierre Arnold[1] vermitteln. Im Laufe dieses Telephongesprächs kommt sie immer wieder auf das Verhalten der Migros zu sprechen, wie ich mich dazu einstelle. Ich verlange ihre Telephonnummer und verspreche ihr, dieses Gespräch zwischen Pierre Arnold und Rudolf Augstein zustande zu bringen. Während sie mir ihre Telephonnummer angibt, wird die Verbindung unterbrochen. Ich stelle bei meinem Anruf in Hamburg fest, daß es eine Frau Aug-

[1] Pierre Arnold, Präsident der Verwaltungsdelegation (entsprechend der Generaldirektion des Migros-Konzerns) und beruflicher Vorgesetzter des Autors zur Zeit der Vorträge.

stein gar nicht gibt. Dies ist ein kleines Erlebnis, aber sehr bezeichnend für meine heutige Situation. Provokationen, Bespitzelungen, Verdrehungen, Geheimberichte, Ausschluß von Sitzungen usw. usf. sind der übliche Rahmen geworden, in dem ich heute arbeite.
Es ist unglaublich, wie sich eine menschliche Existenz mit einem Vortrag völlig verwandeln kann.

– Vor dem Vortrag sind Sie für die Behörden Ihrer Gemeinde endlich einer von der Migros, mit dem man reden kann; nach dem Vortrag fordert man bei der gleichen Migros Ihre Entlassung.
– Vor dem Vortrag sind Sie ein angesehener Vater von drei schulpflichtigen Kindern; nach dem Vortrag sind Sie ein neuer ›Jean Ziegler[1]‹, der das Nest beschmutzt und die Lehrer beleidigt.
– Vor dem Vortrag sind Sie korrekt, freundlich, nett, zuvorkommend, gerecht, menschlich; nach dem Vortrag sind Sie ›arrogant, launisch, parteiisch, perfide, unaufrichtig‹ – so ein interner Migros-Bericht.
– Vor dem Vortrag haben Sie eines der bestorganisierten Management-Institute der Welt; nach dem Vortrag haben Sie einen Sauladen, der reorganisiert und hierarchisch restrukturiert werden muß.
– Vor dem Vortrag haben Sie ein vorbildliches Betriebsklima; nach dem Vortrag herrschen bei Ihnen repressive, terrorartige Verhältnisse.
– Vor dem Vortrag haben Sie ein hochqualifiziertes,

[1] Jean Ziegler, Schweizer Soziologe, Professor und Parlamentsabgeordneter, der wegen eines kritischen Buches über die Schweiz angegriffen wurde.

vielseitiges Mitarbeiterteam; nach dem Vortrag haben Sie eine linke wirtschaftsfeindliche Bande.
- Vor dem Vortrag sind Sie Bannerträger des Duttweilerschen Ideengutes; nach dem Vortrag sind Sie dessen Verräter.

Ich muß aufpassen, daß Sie nicht das Gefühl bekommen, ich gefalle mir in einer Art Märtyrerrolle. Aber ich halte es doch für richtig und für wichtig, einmal die Maschinerie aufzuzeigen, die zu spielen beginnt, wenn man in aller Offenheit die Widersprüchlichkeiten und Verlogenheiten unserer heutigen Gesellschaft aufdeckt.

1. Der erste Teil dieser Maschinerie ist die offene Repression. Regierungsstellen, Generaldirektoren, Lobby-Kreise, Gemeindepräsidenten fordern beim Vorgesetzten die Entlassung. Reklamebüros – wie der ›Trumpf Buur‹[3] – starten bezahlte Inseratenkampagnen. Stramme Agenturen wie die Schweizerische Politische Korrespondenz und der Freisinnige Pressedienst verbreiten Diffamierungsartikel bei der lokalen Presse. Nicht nur der direkt Betroffene ist Ziel der Repression:
   - Redaktoren, die den Vortrag publizieren, werden selber Zielscheibe schärfster Angriffe.
   - Die Mittelstufenkonferenz, die zum Vortrag eingeladen hatte, konnte – entgegen den Abmachungen – die Publikation des Vortrages nicht verantworten, sondern mußte sich in dem be-

[1] ›Trumpf Buur‹, unter diesem Titel regelmäßig erscheinende politische Inserate rechtsstehender Wirtschaftskreise.

treffenden Heft unter dem Titel ›Solothurn war mehr als Hans A. Pestalozzi‹ davon distanzieren.
- Die Schulpflege meiner Wohngemeinde erläßt Ultimaten, beruft einen Lehrerkonvent ein, veranstaltet hochnotpeinliche Befragungen, um herauszufinden, welcher Lehrer mir geschrieben hatte: ›Sie haben mir aus dem Herzen gesprochen, ich bin Lehrer in R.‹. Die Schulpflege teilt mit, die Lehrerschaft weigere sich, über den Vortrag zu diskutieren.
- Die interne Zeitschrift einer Strafanstalt wird zensuriert. ›Der Vortrag eignet sich nicht für Strafgefangene.‹

Dies sind einige Müsterchen der offenen Repression.

2. Der zweite Bericht der Maschinerie ist die persönliche Verunglimpfung. Sie reicht vom mitleiderregenden ›Was ist wohl mit diesem Typ passiert?‹ – so der Ausbildungschef der Armee am Radio – über schulterzuckendes ›Pestalozzi ist ein frustrierter Mann, der seine Ziele in der Familie, im Militär, im Unternehmen nicht erreicht hat‹ – so mein Vorgesetzter in der Presse – bis zum Vorwurf unglaublichster sexueller Verfehlungen – so ein Mitarbeiter, der sich als willfähriges Werkzeug mißbrauchen ließ, als ich ihn wegen ungenügender Leistungen tadeln mußte. Dies ist der zweite Bereich.

3. Der dritte Bereich ist die Abstempelung als Bösewicht, als Subversiver, als Außenseiter, als Spin-

ner. Ich habe nochmals alle gegnerischen Artikel und Inserate durchgesehen (ich spreche nicht von der Lehrer-Fachpresse). Es wird nirgends auch nur auf eine einzige meiner Aussagen materiell eingegangen. Im Gegenteil: Man wiederholt einfach die schärfsten Aussagen, schreit »aber, aber, hört, hört, was der Böses sagt!« und damit ist man offenbar in gewissen Kreisen genügend abgestempelt, um endgültig als ›Nonvaleur‹ beseitigt werden zu können.

4. Erst der vierte Bereich der Maschinerie befaßt sich schließlich mit der Thematik und den Aussagen des Vortrages. Ich spreche nicht von den vielen zustimmenden Artikeln und Leserbriefen. Bei den negativen Reaktionen mußte ich das übliche Schema feststellen, das bei all solchen Auseinandersetzungen spielt: Man wirft einem vor, man sei negativ und habe nichts Positives zu bieten.
   - Wenn ich mich gegen eine neue Expreß- oder Nationalstraße wehre, deren wichtigster Verkehrseffekt darin besteht, neuen zusätzlichen Autoverkehr zu induzieren, dann setze ich mich *für* die Erhaltung einer intakten Region, *für* die Erhaltung der zu zerstörenden Natur, *für* die Entwicklung eines angepaßten Verkehrssystems ein. Die interessierten Kreise stempeln mich – oder Sie – jedoch zum Gegner einer fortschrittlichen Straßenführung.
   - Wenn ich mich gegen Atomkraftwerke wehre, dann setze ich mich *für* eine dezentrale Gesellschaftsstruktur, *für* eine ökologisch verant-

wortbare Energieversorgung, *für* die Unabhängigkeit unseres Landes, *für* die Sicherstellung und Schaffung sinnvoller Arbeitsplätze ein. Die interessierten Kreise stempeln mich – oder Sie – jedoch zum Gegner einer zukunftsträchtigen Energieversorgung.

– Wenn ich mich gegen das Primat der Armee in unseren staatlichen Aufgaben – oder auch nur in den Selbsterhaltungsaufgaben unseres Staates – wende, dann setze ich mich *für* die Lösung des Nord-Süd-Konfliktes, *für* die Abwehr ökologischer Katastrophen, *für* den Aufbau stabiler sozialer Verhältnisse, *für* die kulturelle Eigenständigkeit der Schweiz, *für* die Autonomie unseres Landes gegenüber den Hegemonieansprüchen der multinationalen Gesellschaften usw. ein. Die interessierten Kreise stempeln mich – oder Sie – aber zu Gegnern der Landesverteidigung, ja sogar zu Landesverrätern.

Das Schema ist sehr einfach: Die interessierten Kreise kaschieren Geld und Macht, die sie erhalten und vermehren wollen, mit Zukunftsgläubigkeit, Fortschritt, Rationalisierung, Effizienz, Wohlstand; sie verdammen alle jene, die wirklich an eine Zukunft glauben, die wirklich daran glauben, daß wir uns aus den heutigen Sach- und Systemzwängen lösen können, die wirklich glauben, daß nicht nur eine reiche Schweiz, sondern auch eine gerechte, eine menschliche Schweiz denkbar ist, zu Pessimisten, zu negativen Menschen, zu frustrierten Versagern. Sie kennen meine Kritik aus dem ersten Vortrag. Nehmen Sie mit Ihren Schülern die Kritik durch und versuchen Sie,

mit den Schülern die positive Grundhaltung, die der Kritik entspringt, zu definieren, wobei Sie je nach Schulstufe das eine oder andere Beispiel nehmen können. Es wird den Kindern leichtfallen, auch wenn es Top-Manager und Politiker gibt, die dazu scheinbar nicht in der Lage sind.
In einem zweiten Schritt wird es ein Leichtes sein, jene Postulate zu formulieren, die erfüllt sein müssen, um die Kritik gegenstandslos werden zu lassen.

- Wenn ich kritisiere, es sei Ermessenssache der Wirtschaft, ob sie in ihren Bilanzen lügen wolle oder nicht, dann erlassen Sie doch eine Gesetzesbestimmung, die die sogenannte Bilanzwahrheit und -klarheit vorschreibt. Stille Reserven sind auszuweisen. Oder sorgen Sie dafür, daß die Bestimmungen unseres Strafgesetzes auch auf die publizierten Bilanzen unserer Unternehmen angewendet werden.
  – Fall erledigt!

- Wenn ich kritisiere, es sei Ermessenssache der Wirtschaft, ob sie in der Werbung lüge oder nicht, dann erlassen Sie doch eine Gesetzesbestimmung, daß Werbung der Wahrheit zu entsprechen habe. Die Konsumentenorganisationen verfügen über die Aktivlegitimation.
  – Fall erledigt!

- Wenn ich kritisiere, daß das heutige Abstimmungsverfahren Volksinitiativen zur Farce mache, dann sorgen Sie doch dafür, daß bei einem Ge-

genvorschlag dem gebündelten Nein nicht zwei aufgesplitterte Ja gegenüberstehen, sondern daß die Abstimmung lautet: Wollt Ihr eine Änderung ja/nein? Wenn ja, wollt Ihr die Initiative oder den Gegenvorschlag?
– Fall erledigt!

- Wenn ich kritisiere, daß Wahlen und Abstimmungen eine Frage des Geldes seien, dann begrenzen Sie doch die Geldmittel pro Abstimmung und schreiben Sie Transparenz über die Herkunft der Gelder vor.
  – Fall erledigt!

Ich will nun nicht jeder einzelnen Kritik meines Solothurner Vortrages positive Postulate gegenüberstellen. Machen Sie es selbst! Es ist einfach. Gleichzeitig werden Sie merken, wie illusorisch es unter den heutigen Machtverhältnissen in der Schweiz ist, auch nur eines der positiven Postulate zu realisieren, dann merken Sie aber auch, weshalb man nicht bereit ist, man nicht bereit sein kann, auf die Kritik und die Argumentation einzutreten; man müßte sich selbst entlarven.
Was sollen wir tun? Ich habe Ihnen im Solothurner Vortrag Feigheit vorgeworfen. Selbstverständlich ist es Feigheit, wenn wir uns nicht wehren. Aber ich begreife diese Feigheit,

- weil eben auch wir in den kurzfristigen Dimensionen eines Berufslebens oder einer Wahlperiode denken

- weil uns die materielle Sicherheit unserer Familie eben doch und zu Recht am Herzen liegt
- weil ich jeden verstehe, der seine Pensionskassengelder nicht verlieren will. (Pensionskassen sind hervorragende Repressionsmittel – die 2. Säule der Altersvorsorge ist auch aus diesem Grund für die Wirtschaft wichtig, nicht nur, weil das Geld im Unternehmen bleibt.)
- weil die Promotion der Kinder und damit Ihre Wiederwahl eben doch wichtiger sind als der Aufstand gegen den Schah und die von ihm erschossenen Menschen
- weil Ihr gutes Abschneiden am Elternabend Ihnen eben doch näher liegt als der Hungertod von Hunderttausenden von Kindern in der Dritten Welt.

Ich habe Ihnen ja bereits gestanden, daß auch ich vor einem Jahr wahrscheinlich zu feige gewesen wäre, wenn ich gewußt hätte, was meiner wartet. Hinzu kommt aber noch – als schwerwiegendstes Hindernis – die scheinbare Aussichtslosigkeit, mit der wir gegen die heutigen Tendenzen und die Exponenten dieser Tendenzen und dieses Systems ankämpfen.

- Wir wissen doch alle, daß wir die Zerstörung unserer Dörfer und Städte nicht aufhalten können, solange Grund und Boden der privaten Spekulation nicht entzogen sind. Sehen Sie eine Chance, das Privateigentum an Grund und Boden – wenigstens im nichtlandwirtschaftlichen Bereich und wenigstens für juristische Personen – aufzuheben?
- Wir wissen doch alle, daß wir die Geldmacht in

unserer Gesellschaft nur dann in den Griff bekämen – unsere Gesellschaft also nur dann demokratiefähig machen könnten –, wenn wir wenigstens als ersten Schritt die finanziellen, die kapitalmäßigen Abhängigkeiten in unserem Land aufzeigen könnten. Sehen Sie eine Chance, das Bankgeheimnis aufzuheben, das Depotstimmrecht der Banken aufzuheben, die Kapitalbeteiligungen einem öffentlichen Nachweis zu unterstellen?

– Wir wissen doch alle, daß wir den Teufelskreis des sogenannten militärisch-industriellen Komplexes nur dann durchbrechen könnten, wenn Frieden einen höheren Stellenwert hätte als Militär. Sehen Sie eine Chance, statt einer Million für ein Schützenfest eine halbe Million für ein Friedensforschungsinstitut einzusetzen? Die Armeeausgaben dem Finanzreferendum zu unterstellen? Uns die deklamierte Humanität jene Millionen kosten zu lassen, die unsere Rüstungsindustrie an den Waffenexporten verdient?

Ich mache nicht in Pessimismus. Ich will nur realistischer sein als vor einem Jahr. Selbstverständlich wären nach wie vor die Solidarisierung, der Streik, die Demonstration, die gemeinsame Verweigerung der Lehrer wahrscheinlich die einzigen Gegenmaßnahmen, um wenigstens in Ihrem Bereich grundlegende Veränderungen herbeizuführen. Warten wir nicht auf den Tag, an dem sich diese Solidarisierung wird verwirklichen lassen! Die Gefahr der Resignation ist zu groß. All meine Gespräche mit Lehrern, all die Briefe, die mich erreicht haben, all die Ereignisse während des letzten Jahres haben mich überzeugt, daß das Wichtigste ist, *jetzt* zu beginnen, und das können wir nur mit der Taktik der kleinen Schritte. Wir müssen lernen, ›subversiv‹ zu sein, im guten, optimistischen, positiven, zukunftsgläubigen Sinne ›subversiv‹ zu sein.

Ich erwähne immer wieder die gleichen drei Beispiele. Ich hätte sie in ihrem exemplarischen Charakter erfinden müssen, wenn sie nicht geschehen wären:

›Subversions‹-Fall Nr. 1
Wir wissen, daß etwas vom Wichtigsten nach der Geburt der direkte Kontakt Mutter–Kind ist. Trotzdem werden nach wie vor in den meisten Spitälern Mutter und Kind getrennt. Das nun gelegentlich praktizierte Rooming-in ist ja meist auch nur eine Alibiübung. Und nun geschieht in einem Zürcher Spital folgendes: Ein junger Vater stellt sich neben das Bett seiner Frau, in dem auch das Neugeborene liegt. Er verhindert strikt, daß das Kind von seiner Frau entfernt wird. Nachts hüllt er sich in eine Wolldecke und legt sich neben das Bett. So gelingt es ihm, während dreier Tage zu verhindern, daß Kind und Mutter getrennt werden. Damit hat er nicht nur für sich und seine Familie fertiggebracht, sich den üblichen Zwängen zu entziehen. Sein Verhalten hat bestimmt dazu geführt, daß sich die übrigen Eltern, aber auch die Schwestern und vielleicht sogar einige Ärzte Gedanken über das üblicherweise praktizierte System gemacht haben.

›Subversions‹-Fall Nr. 2
Ein Lehrer gießt die gleiche Fluorkonzentration, die die Kinder regelmäßig schlucken müssen, ins Schulaquarium. Die Kinder stellen fest, daß alle Fische zugrunde gehen. Der Lehrer bespricht mit den Kindern, ob wir denn eigentlich noch bei Trost seien, wenn wir zuerst unsere Körper mit Zucker vergiften und dann das Gegengift Fluor einnehmen müssen. Mit diesem Beispiel gelingt es ihm, gesellschaftliche und wirtschaftliche Zusammenhänge aufzuzeigen.

›Subversions‹-Fall Nr. 3
Ein Pfarrer kauft mit seinen Konfirmanden im Supermarkt eine frische Ananas. An diesem Beispiel behandelt er das Problem Dritte Welt: die Zustände in den Plantagen, die Besitzverhältnisse in den Plantagen, die Arbeitsbedingungen bei der Ernte der Ananas, die Frage, wer von diesen Ananas profitiert, die Auswirkungen der Monokulturen, die Rolle der Multis, das Ausgeliefertsein an die chemische Düngung und chemische Schädlingsbekämpfung, der Unsinn mit dem Transport (zwei Liter Flugbenzin pro Kilo Ananas). Die Kinder werden aufgefordert, beim Mittag- und Abendessen zu Hause nach Produkten mit der gleichen Problematik zu suchen und die Problematik mit den Eltern zu besprechen.

Es gibt unzählige Möglichkeiten, im Unterricht auf diese Weise zu wirken, im Unterricht auf diese Weise Einfluß zu nehmen und auf diese Weise Anleitungen zu vermitteln, wie man sich den heutigen Zwängen entziehen kann.

- Bilden Sie lokale Bürgerinitiativen für die Erhaltung eines Gebäudes, für die Gestaltung des Dorfkerns, für eine sinnvollere Straßenführung, und beteiligen Sie die Kinder am Kampf dieser Initiative. Zeigen Sie ihnen die Gegenkräfte auf.
- Verkaufen Sie mit den Kindern Ujamaa-Kaffee und ›Jute-statt-Plastik‹-Säcke. Zeigen Sie, weshalb solche Aktionen ›politisch‹ sind.
- Schaffen Sie Biotope – zeigen Sie, welch unsinniges Verhältnis zur Natur solche Feuerwehrübungen nötig macht. Ein Biotop allein mag naturwissenschaftlich interessant und empfindungsmäßig wertvoll sein – aber erst wenn wir die gesellschaftlichen Zusammenhänge erklären, bleibt es nicht Kosmetik.
- Verlangen Sie von den Eltern Ihrer Kinder eine schriftliche Stellungnahme, ob das Kind Fluor einnehmen darf oder nicht. Nehmen Sie mit den Kindern die Problematik durch. Verweisen Sie auf die grünen Salzpackungen.
- Besuchen Sie mit den Kindern Hühnerbatterien, industrielle Schweinemästereien, Ställe mit Kälber-Dunkelhaltung, und decken Sie dabei die Funktion des Marktmechanismus auf. Zeigen Sie in diesem Zusammenhang auf, weshalb die Entwicklungsländer mit ihrem Getreide Fleisch für den Export in die Industrieländer produzieren, während die eigene Bevölkerung verhungert.
- Lassen Sie die Kinder herausfinden, welche Kosten in den Warenpreisen eines Shopping-Centers nicht enthalten sind, angefangen von den Kilometer- und Zeitkosten der einkaufenden Hausfrau

über die Infrastruktur, die die Öffentlichkeit bezahlt hat, über die ökologischen Belastungen durch den horrenden Energieverbrauch von Klimatisierung, Beleuchtung usw. bis zu den psychischen Belastungen der Kassiererinnen.

- Holen Sie bei einem Bauern Milch, und stellen Sie mit den Kindern Joghurt her. Analysieren Sie gleichzeitig den Weg, der heute ein Deziliter Milch zurücklegt, bis aus ihm auf industriellem Weg ein Joghurt im Haushaltskühlschrank geworden ist. Zeigen Sie an diesem Beispiel den Wahnsinn der heutigen Transport- und Verarbeitungswege auf.
- Machen Sie die Rechnung mit immateriellen Gütern. Weisen Sie nach, daß ein Arbeiter oder ein Angestellter heute zwei bis drei Monate für ein Auto arbeiten muß. Das Auto braucht er, um Distanzen Wohnort–Arbeitsort–Erholungsgebiet zurückzulegen, Distanzen, die erst durch unser Streben nach Wohlstand entstanden sind. Zeigen Sie auf, wieviele Leute dafür arbeiten müssen, daß ein solches Auto entsteht. Zeigen Sie auf, was nachher mit diesem Auto alles zerstört wird, und dann erstellen Sie eine Bilanz.
- Entwickeln Sie mit den Kindern Phantasie-Szenarien. Was würde geschehen, wenn
  - wir keine Autos hätten
  - kein Flugzeug mehr fliegen könnte
  - jedes Land von seinen eigenen Ressourcen, die Schweiz zum Beispiel vom eigenen Sauerstoff, leben müßte
  - das Fernsehen ein Jahr lang außer Betrieb wäre.

Entwickeln Sie dabei Szenarien, die den Kindern plausibel machen, wie fragwürdig unser sogenannter Wohlstand geworden ist, wie es uns wahrscheinlich viel wohler mit weniger Wohlstand wäre.
Zeigen Sie an diesen Beispielen Begriffe auf, wie

einerseits	*anderseits*
künstliche (geschaffene) Bedürfnisse (wants)	echter Bedarf (needs)
Sach- und Systemzwänge	freie Entfaltung
Eigendynamik und Eigengesetzlichkeit der Technik	Technik als Mittel zum Zweck
Totalität der Wirtschaft	Primat des Menschen und der Natur
Expansionszwang	Self Reliance

Fluor im Aquarium – einfacher geht es wohl nicht mehr. Ich bin überzeugt, daß viele von Ihnen unzählige solche Beispiele nennen könnten. Schaffen Sie Ideenbörsen, tauschen Sie ›Subversions‹-Rezepte aus, suchen Sie Kollegen, mit denen Sie zusammenarbeiten können!

Wie müssen wir vorgehen, um in diesem Sinne wirken zu können? Der erste Schritt sieht einfach aus, ist jedoch meines Erachtens bereits schwierig genug. Es geht hier ganz einfach um das Erkennen der Probleme. Und hier die Hauptfrage: Wie verschaffen Sie sich die Informationen, die nötig sind, um ein Problem überhaupt erkennen zu können?

– Sie glauben selbstverständlich dem Zahnarzt, der Ihnen mit Statistiken und graphischen Darstellungen beweist, wie Sie mit Fluor die Kinder vor Karies bewahren können. Wer zeigt Ihnen aber die Macht der Zuckermafia auf, die bereits den Babybrei süßt, um die Kinder auf Zuckerkonsum zu trimmen? Wer zeigt Ihnen auf, daß bei großangelegten internationalen Untersuchungen über den Gesundheitszustand der Menschen in der industrialisierten Welt das Produkt Zucker einfach ausgeklammert wird – weshalb wohl? Wer sagt Ihnen, wie Zahnärzte, die solche Gesamtzusammenhänge aufzeigen wollen, fertiggemacht werden?

- Sie glauben vermutlich dem Bundesrat und den Spitzenpolitikern, wenn sie Exportkredite für die Schweizer Wirtschaft als Entwicklungshilfe deklarieren. Wer zeigt Ihnen auf, daß die sogenannten Prä-Investitionen der Schaffung einer Infrastruktur dienen, die dann das große Geschäft der Industrieländer ermöglicht, oder wie die Kredite einer zunehmenden Verschuldung rufen, die doch wieder nur städtischen und oberen Schichten zugute kommt und damit nicht zu einer Entwicklung dieser Länder beiträgt?
- Sie glauben wahrscheinlich dem Bundesrat und den Managern, die Ihnen messerscharf beweisen, daß Atomkraft für die Erhaltung von Arbeitsplätzen nötig sei. Wer zeigt Ihnen aber auf, wie vermehrte Stromproduktion die Wirtschaft veranlaßt, durch weitere Mechanisierung und Automatisierung immer noch mehr Arbeitsplätze freizusetzen oder doch die Arbeit zu versimpeln?

Glauben Sie

– der Nestlé, daß sie ihre Marketing-Methoden in der Dritten Welt geändert habe, oder wer liefert Ihnen den Nachweis dafür, daß Nestlé nach wie vor zum Tod und zur Schädigung von Tausenden von Kindern in der Dritten Welt beiträgt?
– dem Bührle, daß er Waffen nur in jene Länder exportiert, in denen sie nicht eingesetzt werden, oder haben Sie den Nachweis dafür, daß wir mit unseren Waffenexporten kriminelle Regimes unterstützen?
– der Motor Colombus, daß die überhöhten Strompreise in Buenos Aires nötig waren, um die Stromversorgung der Bevölkerung sicherzustellen, oder haben Sie den Nachweis dafür, daß es nur um die Entschädigungshöhe für die CH-Aktionäre ging?
– dem Handel, daß der Import billiger Bananen Entwicklungshilfe sei? Wer liefert Ihnen den Nachweis dafür, daß wir mit diesen Bananenbezügen nur den entsprechenden internationalen Konzernen helfen, die Monokulturen in den Exportländern zu zementieren und damit diese Länder in ihrer neokolonialistischen Abhängigkeit im Griff zu behalten?

Ich halte dies für das allerwichtigste Problem des Lehrers überhaupt: Wer liefert Ihnen jene Informationen, die Ihnen erst ermöglichen, ein Problem zu erkennen? Ich weiß, wie sehr sich einzelne Stellen darum bemühen, zur Lösung dieses grundlegenden Problems beizutragen. Aber mit diesen einzelnen Ansätzen haben wir erst punktuell begonnen, eine Ge-

genmacht gegen die Informationsflut der kommerziell interessierten Kreise aufzubauen. Ich gebe das Problem an Sie weiter: Falls Sie bereit sind, sich den Problemen der heutigen Zeit zu stellen, so ist es Ihre Aufgabe, dafür zu sorgen, daß Ihnen die entsprechenden Informationen zugänglich sind. Verlangen Sie oder organisieren Sie, daß in Ihrem Lehrerzimmer beispielsweise das ›A-Bulletin‹ oder das ›Blabla‹ oder der ›Informationsdienst zur Verbreitung unterbliebener Nachrichten‹ oder das ›Pardon‹ aufliegen, daß in Ihrer Bibliothek alle drei Alternativ-Kataloge jederzeit mehrfach greifbar sind, daß der Frederic-Vester-Katalog ›Unsere Welt – ein vernetztes System‹ bei Ihnen Punkt für Punkt als Lehrerweiterbildung durchgenommen wird, daß ein Lehrer Ihres Kollegiums über die letzte Nummer der ›Leserzeitung‹ oder der ›Mitbestimmungs-Information‹ oder des ›Virus‹ oder des ›Focus‹ berichtet, ein anderer diese Informationen dem Bulletin des Schweizerischen Aufklärungsdienstes oder der Informationsgruppe Schweiz gegenüberstellt, der dritte in einem Rollenspiel das ›Zeitbild‹ des Ostinstituts und der vierte den ›Zeitdienst‹ von Theo Pinkus vertritt.
Also nochmals: der erste Schritt ist die umfassende Information. Diesen Schritt können Sie bewältigen, ohne sich auch nur das Geringste zu vergeben.
Der zweite Schritt ist viel schwieriger, aber diesmal aus subjektiven Gründen: Die Beurteilung der Information. Sie stoßen nach kurzem an Grenzen, die Sie zuerst gar nicht realisieren, gar nicht erkennen können. Sie werden merken, daß wir heute immer noch Begriffen verhaftet sind, die gar nicht mehr stimmen

können. Nehmen wir als erstes den Begriff *Wohlstand.* Was ist denn eigentlich materieller Wohlstand? Als absolute Größe ist es meinetwegen die Sicherung des Existenzminimums. Aber nachher wird Wohlstand zu einem reinen Vergleichsmaßstab. Man ist reicher als der andere oder ärmer als der andere. Aber Wohlstand an sich hat ja gar keinen Inhalt. Woran und womit messen wir denn diesen Wohlstand gesamtwirtschaftlich, wenn er schon individuell nicht erfaßbar ist oder nur im Vergleich zu andern? Wir nennen den gesamtwirtschaftlichen Maßstab das Bruttosozialprodukt. Je mehr und je schlimmere Verkehrsunfälle wir produzieren, je besser geht es uns. Je langsamer und grauenvoller wir sterben, desto besser. Je schneller wir hochwertige Gebrauchsartikel zum alten Eisen werfen, desto höher ist unser Wohlstand. Je mehr Häuser wir zerstören und sie durch irgendwelche Neubauten ersetzen, desto besser. Nur nicht erhalten, nur nicht bewahren – zerstören, verschwenden, fortwerfen! Nach diesen Prinzipien müssen wir uns richten, damit das Sozialprodukt, der Maßstab unseres gesellschaftlichen Wohlstandes, ansteigt. Soll ich die rhetorische Frage stellen, ob ein solcher Wohlstandsbegriff denn noch stimmen kann? Merkt denn nicht allmählich jeder, daß immaterielles Wohlbefinden wichtiger ist als materieller Wohlstand im herkömmlichen Sinn? Sieht denn nicht bald jeder ein, daß durch die von der Wirtschaft erzwungene Schaffung ständig neuer materieller Bedürfnisse immer mehr immaterielle Werte zerstört werden? Wer glaubt denn noch daran, daß das menschliche Glück von der Steigerung des materiellen Wohlstandes abhänge? Wer – außer einigen Topmanagern und Politikern – glaubt denn noch daran, daß wir einfach weiterwachsen können? Wozu?

Oder betrachten wir einmal den Begriff *Fortschritt*. Was heißt denn das nun? Ist ein Auto ein Fortschritt im Vergleich zum Pferdefuhrwerk? Ist es denn ein Fortschritt, wenn wir mit dem Auto unsere Landschaft zerstören, die Städte zerstören? Ist die Concorde ein Fortschritt? Ist es ein Fortschritt, wenn wir die Ozonschicht zerstören, wenn wir Überschallknälle produzieren und als einziges Positivum Tempo gewinnen mit dem Effekt, daß wir unsere biologische Uhr bei den Überseereisen noch mehr durcheinanderbringen? Sind unsere Batteriewohnungen ein Fortschritt? Worin liegt der Fortschritt eines modernen Bürohauses? Sind die Leute glücklicher im Großraumbüro? Gesünder in der klimatisierten Luft? Haben sie bessere soziale Kontakte, wenn einige hundert Leute im gleichen Haus arbeiten?
Was ist das denn eigentlich, Fortschritt?

Oder wollen wir gar den heiligsten aller Begriffe unserer gesamten Industriewelt unter die Lupe nehmen: den Begriff der *Rationalisierung*? Ratio heißt Vernunft. Ist es denn vernünftig, wenn wir unsere Arbeit derart aufteilen und derart spezialisieren, daß sie immer sinnloser wird, immer sinnentleerter, isolierter, der einzelne Mensch immer mehr ausgeliefert, immer mehr nur noch ausführend, keine Möglichkeit mehr zur Gestaltung hat? Ist Rationalisierung nicht ein Synonym für Verarmung geworden, und zwar geistige Verarmung? Rationalisierung erfordert Expansion, Expansion führt zur Konzentration, zur Zentralisierung, Abhängigkeiten werden verstärkt, der Einzelne wird immer ohnmächtiger. Ist das vernünftig? Oder im Bauwesen? Rationalisierung heißt Normierung, Standardisierung. Was hatten wir davon? Heißt Rationalisierung nicht eben letzten Endes Phantasielosigkeit, Klischee-Denken, Geistlosigkeit?

Oder was heißt denn *Effizienz?* Ist es effizient, wenn wir fünfmal mehr Energie in die Nahrungsmittelversorgung stecken müssen, als wir herausholen? Ist es effizient, wenn unsere Energiewirtschaft mit einem Wirkungsgrad von 20% arbeitet? Ist es effizient, wenn wir auf Kosten des Kapitals, nämlich der natürlichen Ressourcen unserer Erde leben? Ist es effizient, wenn die USA mit 4,6% der Bevölkerung 40% aller verfügbaren Rohstoffe verbrauchen, wenn für 50% der Menschheit ganze 6% der Rohstoffe zur Verfügung stehen? Oder noch viel banaler: Ist es effizient, wenn unsere Arbeitszeit heute – inklusive Arbeitsweg – länger ist als vor Jahrzehnten? Oder ist es effizient, wenn gemäß einer EG-Untersuchung die Hausfrau vor 50 Jahren durchschnittlich 50 Stunden pro Woche im Haushalt arbeiten mußte und heute 60? Hat sich Effizienz denn bisher nicht einfach nur am Kapitaleinsatz gemessen? Sollten wir Effizienz einmal nicht an ganz anderen Faktoren beurteilen? Zum Beispiel am kleinstmöglichen Aufwand an Ressourcen, an geringstmöglicher Belastung der Umwelt, an möglichster Schonung gewachsener Strukturen, an der menschenwürdigen Behandlung des Menschen?

Ich habe vier Begriffe herausgegriffen. Ich könnte unzählige weitere Begriffe aus unserem Wirtschaftsleben, aus unserer Zivilisation nehmen und Ihnen aufzeigen, wie problematisch alle diese Begriffe geworden sind. Sie kennen ähnliche Beispiele pervertierter Begriffe aus Ihrem engsten pädagogischen Bereich:

- Ruhe und Ordnung? Wenn uns diese Begriffe zwei Weltkriege, Wirtschaftskrisen und die heutige gesellschaftliche, wirtschaftliche, soziale Sackgasse beschert haben?
- Fleiß? Wenn das heutige Problem in der Bewältigung der Freizeit, dem Otium, also in der Lebensgestaltung, vielleicht im Dolce-far-niente besteht und nicht in der Verneinung des Lebens, dem Negotium, dem Sich-der-Arbeit-Unterwerfen?
- Reinlichkeit? Wenn wir wieder lernen müssen, ›dreckiger‹ zu sein, weil wir mit der chemischen Hygiene mehr zerstören als gewinnen?

Wollen Sie noch mehr Beispiele? Sie kennen sie besser als ich:

- Morgenstund hat Gold im Mund!
- Arbeit kommt vor dem Vergnügen!
- Müßiggang ist aller Laster Anfang!
- Ohne Fleiß kein Preis!
- Stillstand ist Rückgang!
- Wer rastet, der rostet!

Ich glaube, daß dieses persönliche Sich-Loslösen von Begriffen, auf die wir schließlich vom ersten Lebensjahr an geprägt und getrimmt wurden, etwas vom subjektiv Schwierigsten ist. Wir haben vor Jahren von unserem Institut aus sogenannte Kontrast-Wochen für Topmanager in St. Moritz organisiert. Diese Kontrast-Wochen hatten den Sinn, die Manager eine Woche lang mit anderen Gesellschaftskonzeptionen, anderen Lebensauffassungen, neuen Begriffsinhalten zu konfrontieren. Wahrscheinlich haben wir das Gegenteil dessen erreicht, was wir eigentlich wollten. Das Verhalten eines Schweizer Industriellen war hier ganz typisch. Am zweiten Tag dieser Woche kam er auf mich los und griff mich in schärfsten Worten als Subversiver usw. an. Am dritten Tag begann er nach einer Aussprache mit mir zu spüren, worum es eigentlich ging, am vierten Tag kritisierte er die Kollegen, sie hätten ja immer noch nicht gemerkt, welches wirklich die entscheidenden Fragen seien, am Ende der Woche blieb er schließlich einige Tage noch im Hotel, um die überwältigenden Eindrücke schriftlich niederzulegen. Diese Schilderung des persönlichen Erlebnisses ging an alle seine Freunde mit der Aufforderung, auch sie hätten sich unbedingt einer solchen Kontrast-Woche zu stellen. Ein Jahr später traf weder seine Anmeldung noch diejenige eines seiner Freunde ein. Die totale Konfrontation einer Kontrast-Woche hatte ihm zwar die Augen für die gesellschaftliche und wirtschaftliche Problematik und die eigene Situation geöffnet. Zurückgekehrt in die Abläufe seines Unternehmens und die Realitäten des Berufes und des Alltags, sah er aber keine andere Möglichkeit, als diese Erkenntnisse so rasch als möglich zu verdrängen und sich einer weiteren Konfrontation zu entziehen. Er mußte dafür sorgen, daß sein Weltbild wieder stimmte. Ähnliche Erfahrungen werden vielleicht auch Sie machen müssen, wenn Sie beginnen, die heutigen Begriffe und Wertmaßstäbe zu hinterfragen. Und trotzdem: Falls Sie sich wirklich der Lüge entziehen wollen, bleibt Ihnen nichts anderes übrig, als sich den Ihnen auferzwungenen Begriffsinhalten und Wertmaßstäben zu entziehen.

Stellen Sie sich selbst die Frage! Ihnen zuliebe; Ihren Schülern zuliebe!

Wirtschaft ist nicht Leben

Die Wirtschaft als Monopoly

Es gibt Eltern, die verbieten ihren Kindern, ›Monopoly‹ zu spielen. Die Beweggründe sind durchaus plausibel. Es gibt wohl kaum ein anderes Spiel, in welchem die Dominanz des Kapitals derart penetrant zur Darstellung gelangt; es gibt wohl kaum ein anderes Spiel als ›Monopoly‹, das krasser zum Ausdruck bringt, wie derjenige, der kein Geld hat, dem andern ausgeliefert ist. Diese Eltern wollen ihre Kinder davor bewahren, mit den Abläufen und Mechanismen eines skrupellosen kapitalistischen Systems vertraut zu werden. Es gibt andere Eltern, die lassen ihre Kinder spielen, und wenn dann wieder einmal eines der Kinder, das verloren hat, explodiert, dann besprechen sie mit den Kindern, was dieses Spiel eigentlich zum Ausdruck bringt. Die Kinder werden diese Prinzipien – übertragen auf die Wirklichkeit – nicht akzeptieren, wenn es ihnen entsprechend erläutert worden ist.

Vor 10 Jahren hat unser Institut mit der Ausbildung von Managern begonnen. Wir haben damals auch

Der Originaltitel lautet: ›Der Lehrer als Teilhaber der Gesellschaft und Arbeitswelt‹. Vortrag gehalten vor der Lehrerkonferenz des Bezirks Brugg am 16. November 1978.

Da der Vortrag ohne Manuskript gehalten wurde, wurde der Text nachträglich ausgearbeitet und ergänzt. Dem Vortrag lagen die verschiedenen Vorträge, die der Verfasser in Wirtschaftskreisen gehalten hatte und verschiedene kleinere Artikel zugrunde.

›Monopoly‹ gespielt. Wir wandten, meines Wissens erstmals in der Schweiz, sogenannte Unternehmensspiele an, um den Managern die betriebswirtschaftlichen Abläufe in einem Unternehmen nahezubringen. Wir glaubten damals noch, mit diesem Spiel die wirklichen Abläufe zeigen zu können und die Manager in einer sachgerechten Beurteilung der Situationen und in einer vernünftigen Entscheidungsfindung schulen zu können. Ein solches Spiel läuft ungefähr so ab:
Die Teilnehmer eines Spieles kämpfen auf einem simulierten Markt mit einem Produkt um Marktanteil und Gewinn. Das Spiel dauert mehrere sogenannte Perioden, wobei eine Periode beispielsweise einen Monat oder ein Jahr umfaßt. Die Spieler können nun entscheiden, wieviel sie investieren wollen, wieviel Personal sie einsetzen wollen, wie sie ihre Lagerbestände verändern wollen usw. Die Maßnahmen der einzelnen Spieler-Teams werden in einen Computer eingegeben, der seinerseits mit vorgegebenen Parametern wie Konjunkturverlauf, Marktsättigung usw. gefüttert ist. Der Computer wertet nun aus, wer die angeblich ›richtigen‹ Entscheide getroffen hat, und dann kommt die nächste Periode.
Das Spiel war immer äußerst erfolgreich. Die Teilnehmer machten begeistert mit, die Stimmung war gut, es war tatsächlich eine Ambiance wie an einem Jaß-Abend oder bei einem Eile-mit-Weile zuhause. Der einzige Unterschied zwischen einem ›Monopoly‹ und einem Unternehmensspiel bestand darin, daß wir glaubten, mit dem Unternehmensspiel die Manager für die Wirklichkeit schulen zu können, und diese Wirklichkeit war eine todernste Angelegenheit. Ihr

fehlte jeglicher Spielcharakter, weil es hier schließlich um Schicksale von Unternehmen und damit von Menschen ging. Wir setzten bald diese Spiele von unserem Programm ab. Nicht wegen des Spielcharakters. Sondern weil wir zur Überzeugung kamen, daß Wirtschaft eben genau so *nicht* ablaufen dürfe, wie es in diesen Spielen zum Ausdruck kam. Wirtschaft darf eben *nicht* eine Sache der Parameter sein. Wirtschaft darf *nicht* nur eine Sache der besten Kombinationen vorgegebener Produktionsfaktoren sein. Wirtschaft darf eben *nicht* nur vom Ziel der Profitmaximierung ausgehen. Wirtschaft darf eben *nicht* den Menschen nur als Faktor Arbeit in seine Rechnung einsetzen. Wirtschaft darf eben *nicht* nur mit quantitativen Maßstäben beurteilt werden und beurteilen. Volkswirtschaftliche Daten dürfen eben *nicht* als vorgegeben betrachtet werden. Wirtschaftliche Ziele müssen diskutiert und immer wieder neu erarbeitet werden. Für uns, als Management-Institut, war eindeutig: Ein solches Unternehmensspiel kann allerhöchstens Sachzwänge darstellen, denen sich der mittlere und untere Manager zu unterziehen hat. Es kann höchstens darin schulen, wie verschiedene vorgegebene Faktoren sich gegenseitig beeinflussen. Wie gesagt: wir haben diese Spiele sehr rasch von unserem Ausbildungsprogramm abgesetzt.
Sie können sich vorstellen, daß ich meinen Augen und Ohren nicht getraut habe, als ich vor etwa einem Jahr feststellen mußte, daß solche Unternehmensspiele nun dazu dienen, den Schülern in den schweizerischen Schulen ›Wirtschaft‹ beizubringen. Hätte es nicht zum mindesten die Erziehungsdirektoren und

den Lehrkörper stutzig machen müssen, daß ausgerechnet einer der mächtigsten Konzerne der Schweiz, dessen Geschichte brutalster kapitalistischer Machtentfaltung erst noch geschrieben werden muß, dieses Spiel geschaffen hat, um nun in karitativer Großzügigkeit dieses Lehrmittel den Schulen anbieten zu können? Darf man an den Altruismus eines solchen Konzerns glauben, oder hätte man nicht fragen sollen, wie dieser Konzern dazu kommt, ein solches Lehrmittel zu entwickeln und anzubieten? Das Spiel wurde auch einmal an der Schweizer Jugendakademie als Schulungsinstrument eingesetzt. Nach einem ersten Versuch kam die Schulleitung begreiflicherweise zum Schluß, daß das Spiel zwar gewisse Zusammenhänge aufzuzeigen vermöge, daß aber das Spiel eben doch nicht die ganze Wirtschaft, also doch nicht die ganze Wahrheit sei. Die Jugendakademie schlug der Schmidheiny-Stiftung vor, das Spiel wohl durchzuspielen, anschließend aber durch einige kritische Leute beleuchten zu lassen. Die Schmidheiny-Stiftung lehnte eine weitere Mitwirkung an der Jugendakademie ab. Zufällig habe ich vernommen, daß in einzelnen Kantonen die Lehrer bei der Besprechung der Ergebnisse dieses Spiels nicht einmal anwesend sein dürfen. Wehalb wohl? Und trotzdem: Lassen Sie die Kinder diese Unternehmensspiele ruhig spielen. Unter einer Bedingung: Sie müssen in der Lage sein, den Kindern plausibel zu machen, weshalb eine Schmidheiny-Stiftung dazu kommt, solche Spiele zur Verfügung zu stellen und wie unsere Erziehungsdirektoren dazu kommen, solche Spiele kritiklos zu übernehmen und in den Schulen einzusetzen.

Sie müssen in der Lage sein, Ihren Kindern zu zeigen, weshalb diese Spiele nicht stimmen, weshalb Wirtschaft eben genau so nicht sein darf, wie es in diesen Spielen zur Darstellung gelangt. Ich betrachte es deshalb als meine Aufgabe, Ihnen einfach einige Begriffe und Aspekte zu vermitteln, wo Faktoren in unserer Wirtschaft zu beachten sind, die in der Regel unterschlagen werden, die auf keinen Fall in solchen Unternehmensspielen zur Darstellung oder auch nur zur Diskussion gelangen und weshalb diese Faktoren nicht zur Darstellung gelangen.

Sie mögen nun sagen, was geht mich die Wirtschaft schon an, ich komme ohne sie aus, es ist ja nicht meine Aufgabe, den Kindern ›Wirtschaft‹ zu vermitteln. Diese Haltung ist nicht möglich. Sie selbst als Lehrer sind Teil dieser Wirtschaft, Sie selbst werden ununterbrochen geprägt von dieser Wirtschaft. Nicht nur Sie, auch die Kinder sind bereits Objekte und in die wirtschaftlichen Abläufe miteingeschaltet. Denken Sie daran, daß die Kinder unter 14 Jahren in der Schweiz heute rund 5 Millionen Franken Taschengeld pro Monat ausgeben können. Sie können sich vorstellen, wie die Wirtschaft hinter diesem Geld und damit hinter dem Kind als Konsument her ist. Allein der Spielzeug-Umsatz wird in der Schweiz auf 200 Millionen Franken pro Jahr geschätzt. Schauen Sie sich das Werbefernsehen an, die Inserate, die übrigen Werbemittel. Überall wird mit und für Kinder geworben. Kinder sind Bestandteil dieses wirtschaftlichen Systems. Dieses ›In-die-Wirtschaft-involviert-Sein‹ geht aber noch viel weiter. Es ist heute erwiesen, daß

die vielerorts feststellbare Lethargie der Kinder im Unterricht auf die von der Wirtschaft vermittelte Konsummentalität zurückzuführen ist und auf die dauernde Berieselung der Kinder mit Informationen, denen größtenteils Werbecharakter zukommt. Ihre Kinder sind, wenn sie in den Kindergarten kommen, schon längst Opfer einer Ideologie geworden, einer Ideologie, die wir mit den Stichworten ›Machbarkeit, Expansion, Konsum, Verschwendung, Wegwerfprinzip, Quantifizierung‹ charakterisieren können. Versuchen Sie nicht, sich der Wirtschaft zu entziehen. Im Gegenteil: Setzen Sie sich mit der Wirtschaft auseinander! Zeigen Sie den Kindern, was sie ist und was sie sein könnte.
Wenn ich nun nachstehend versuche, Ihnen einige Aspekte unserer heutigen Wirtschaft, die Ihnen nicht geläufig sein dürften, vertraut zu machen, kann dies nicht in einem logischen Ablauf geschehen. Ich muß einfach einige Erscheinungen nehmen und sie zusammenhanglos aneinanderreihen.

Der kritische Konsument

Als ich an einem Deutschen Marketing-Tag vor einigen hundert Fachleuten aus den Bereichen Marketing und Werbung zu referieren hatte, begann ich mit folgenden Fragen:

Der Originaltitel lautete: ›Wird der Verbraucher überhört? Der neue Verbraucher – Fiktion oder Wirklichkeit?‹. Vortrag anläßlich des Deutschen Marketing-Tages 1976 in München, am 29. Oktober 1976.

Würden Sie sich tatsächlich darüber freuen, wenn Ihr junger sportlicher Sohn mit vierzehn, fünfzehn Jahren zu rauchen beginnen und mit sechzehn Jahren bereits sein tägliches Päckchen Zigaretten inhalieren würde? Wohl kaum!
Aber: Weshalb akzeptieren Sie dann, daß Ihre Kollegen aus der Tabakbranche versuchen, das Zigarettenrauchen den Begriffen ›jung‹, ›dynamisch‹, ›vital‹, ja ›sportlich‹ gleichzusetzen?

Würden Sie sich tatsächlich darüber freuen, wenn Ihre Frau Gemahlin bei jeder passenden und unpassenden Gelegenheit, bei jedem kleinen alltäglichen Problem und Problemchen, aber auch bei jeder kleinen Freude zur Schnapsflasche greifen und sich ein Gläschen Hochprozentigen genehmigen würde? Wohl kaum!
Aber: Weshalb akzeptieren Sie dann, daß Ihre Kollegen aus der Alkoholbranche in meines Erachtens völlig unverantwortlicher Weise dem Normalverbraucher beizubringen versuchen, es sei eine Selbstverständlichkeit, bei jedem noch so geringfügigen Anlaß zur Flasche zu greifen?

Würden Sie sich tatsächlich darüber freuen, wenn Ihre junge hübsche Tochter an den Parties als Sex-Objekt herumgereicht würde? Wohl kaum!
Aber: Weshalb akzeptieren Sie dann, daß soundsoviele Marketing-Konzeptionen von einem Bild der Frau als ausschließlichem Lustobjekt ausgehen?

Oder ein Beispiel aus einem ganz anderen Bereich: Anlaß war eine Marketing-Tagung in unserem Institut – Thema: Marketing-Konzeption im Do-it-yourself-Sektor. Der Referent schildert folgenden Fall: Ein Konsument betritt den Laden. Er müsse ein Loch in die Wand schlagen. Der gute Verkäufer empfiehlt ihm natürlich nicht das einfache Werkzeug, sondern bringt ihm bei, daß er für diesen Zweck wahrscheinlich am besten eine Bohrmaschine kaufe. Sobald der Konsument dann überzeugt ist, daß die Bohrmaschine wirklich das Praktischste sei, wird es ein Leichtes sein, ihm auch noch beizubringen, wenn er schon eine Maschine habe, solle er doch gleich noch die Zusatzgeräte wie Kreissäge, Stichsäge usw. anschaffen. Mit dem Resultat: Der Mann, der nur ein Loch in die Wand schlagen wollte, kauft sich eine gesamte Handwerker-Ausstattung für tausend Franken. Und der Referent schloß unter dem frenetischen Beifall der anwesenden Marketing-Leute: Sehen Sie, meine Herren, *so* müssen wir das Freizeitgeschäft an den Mann und an die Frau bringen! Aber: Wie hätten diese Marketing-Leute wohl reagiert, wenn es sich bei diesem Konsumenten um einen Angehörigen ihrer Familie gehandelt hätte?

Mit diesen paar Beispielen will ich nur die Frage stellen: *Gelten für Ihren persönlichen Bereich und für Ihre Familie die gleichen Verbrauchsmaßstäbe, die Sie auf Ihre potentiellen Kunden anwenden?* Oder ist es nicht so, daß Sie für sich als Verbraucher von anderen Kriterien ausgehen als denjenigen, die Sie Ihren Marketing-Konzeptionen zugrunde legen? Oder nochmals anders gefragt: Gehen Sie als Marketing-Mann nicht davon aus: Wie bringe ich dem Konsumenten bei, das Gefühl zu haben, mein Produkt konsumieren zu müssen? – Während Sie als Privatmann, das heißt selbst als Verbraucher, von der Frage ausgehen: Brauche ich dieses Produkt wirklich? Oder nochmals anders gefragt: Betrachten Sie sich selbst nicht als kritischen, rational handelnden, überlegten, selbständigen Verbraucher, während Sie bei den Leuten, die Sie als Marketing-Mann anzusprechen versuchen, alles mögliche tun, um Emotionen zu wekken, Emotionen zu aktivieren, Emotionen in Bedürfnisse umzuwandeln mit keinem anderen Ziel als demjenigen, Ihr Produkt verkaufen zu können?

Es waren alles rhetorische Fragen. Diese Diskrepanz zwischen den Werturteilen, den Maßstäben und dem Verhalten dieser Manager als Verbraucher, als Privatleute einerseits und ihren Konzeptionen als Marketing-Manager konnte niemand leugnen. Was ich nicht verstehe, ist, wie man in dieser Diskrepanz leben kann, wie man sich damit abfinden kann, daß im Privat- und im Berufsleben Maßstäbe gelten, die zum Teil in diametralem Gegensatz zueinander stehen.

Hier nur einige wenige Beispiele:

Beruf	*Privat*
Hier ist der Manager stolz auf wirtschaftliche Expansion,	dort wird ihm die Problematik unserer Wachstums-Konzeption bewußt.

Hier ist er stolz über jede neue Fabrik,

dort realisiert er mit Unbehagen, daß jede Expansion Sauerstoff, Wasser, Grünfläche, Natur braucht.

Hier ist er stolz über die erarbeitete Macht und Einflußmöglichkeit,

dort reagiert er auf alles höchst allergisch, was ihm als Privatmann oder in seiner Freizeit als Macht entgegentritt, sei es in der Gestalt des Vermieters, des Zöllners, des Polizisten, des Beamten am Schalter usw.

Hier vertritt er mit Vehemenz die Notwendigkeit einer hierarchischen Struktur der Wirtschaft,

dort erlebt er, wie vom gleichen Menschen, der an seinem Arbeitsplatz nichts anderes ist als Befehlsempfänger und Befehlsausführender, erwartet wird, daß er selbstverantwortlich über seine Freizeit entscheidet, selbstverantwortlich als Staatsbürger über das Geschehen in unserer Gemeinschaft mitentscheidet.

Hier schwärmt er von Fusionen, die seine Marktmacht verstärken,

dort stellt er fest, daß er von einem Tag auf den anderen an ein anderes, größeres Unternehmen verkauft worden ist, daß er plötzlich seinen obersten Vorgesetzten nicht mehr kennt und daß er, bis er ihn kennt, bereits wieder von einem noch Größeren geschluckt worden ist.

Hier gibt er der Überbevölkerung schuld an allen Übeln des Wachstums,

dort stellt er fest, daß die gleiche Wirtschaft die Landflucht fördert und die Menschen in Riesenstädten zusammenpfercht.

Hier vertritt er das Prinzip der Konkurrenz à tout prix,	dort leidet er mit seinen Kindern unter dem Notenzwang, dem Prüfungszwang, dem Examenzwang, also dem Konkurrenzzwang in der Schule.
Hier ist er Vertreter moderner Produktionstechniken,	dort erlebt er in Gesprächen die Öde und Inhaltslosigkeit der Arbeit.
Hier ist er stolz auf den medizinischen Fortschritt,	dort stellt er mit Schrecken die ständige Zunahme von Krankheiten fest.
Hier kauft er den schnellsten Wagen und will immer noch schnellere Transportmittel,	dort flucht er über die Länge und Unbequemlichkeit des Arbeitsweges.
Hier stellt er mit Genugtuung die Kostensenkung fest, die eine neue Serienproduktion, ein neues Fließband ermöglicht,	dort stellt er fest, daß die Vorteile der Serienproduktion durch die Aufsplitterung in X verschiedene Modelle gemäß der notwendigen Marktsegmentierung wieder aufgehoben werden.
Hier vertritt er mit Stolz die Ansicht, daß noch nie so viele Menschen so hochgradig ausgebildet worden seien,	dort stellt er fest, daß diese Menschen überhaupt nichts mehr selbständig hervorbringen können, da sie völlig abhängig von Maschinen und Organisationen sind.
usw.	usw.

Ist es nicht gerechtfertigt, geradezu von einer Schizophrenie des Managers zu sprechen? Ist nicht in dieser Schizophrenie der Grund zu suchen für das Malaise, das insbesondere vor der Erdölkrise unter den Managern grassierte? Dürfte sie nicht auch der Grund dafür sein, daß derart viele Manager bei der sogenannten Krise der Lebensmitte aus dem Beruf aussteigen? Dürfte sie nicht sogar der Grund sein, weshalb – und das darf hier einmal in aller Offenheit gesagt werden – unter den Managern soviele Selbstmorde festzustellen sind?

Diese Schizophrenie wurde in den letzten Jahren übertüncht durch die Probleme der Rezession. Man hatte wieder gemeinsame Probleme. Es ging ums Überleben. Es ging um die Arbeitsplatzsicherung. Es ging um den Kampf gegen die Inflation usw.
Welche Chance hätte in dieser Krise liegen können! Welche Gelegenheit für die Wirtschaft zum Umdenken!
Aber: Was hatte sich eigentlich in den Rezessionsjahren gegenüber der Zeit vor dem Erdölschock geändert? Die Erhöhung der Erdölpreise war ja nur der Auslöser. Daß diese Erhöhung einmal eintreten werde, war seit Jahren bekannt; so wie heute – wenn man ehrlich sein will – bekannt ist, daß weitere, noch viel horrendere Preissteigerungen bei allen Rohstoffen folgen werden. Das einzige, was sich wirklich verändert hatte – höhere Inflationsrate, Arbeitslosigkeit usw. waren ja nur Symptome beziehungsweise Folgen –, war das Verbraucherverhalten. Zum erstenmal seit dem letzten Krieg hielt sich der Konsument zurück. Er machte genau das, was die Wirtschaft jahrelang gepredigt hatte. Ja, Sie haben recht gehört: Die Wirtschaft predigte dem Verbraucher jahrelang, er müsse in seinen Ansprüchen Zurückhaltung üben! Oder erinnern Sie sich denn nicht an all die Diskussionen um die Wachstumsproblematik? Hat nicht die

Wirtschaft ihre Hände in Unschuld gewaschen und die Schuld an der wirtschaftlichen Überhitzung dem Verbraucher zugeschoben? Hieß es nicht immer: Wir, Industrie und Handel, haben doch nur ausführende Funktion, wir erfüllen ja nur die Verbraucherwünsche. Wenn ihr tatsächlich die hemmungs- und uferlose Expansion einschränken wollt, so überzeugt den Verbraucher!

Nun, er brauchte nicht erst überzeugt zu werden. Er hat sich, von seinem persönlichen Standpunkt aus, richtig, logisch und vernünftig verhalten: Bei unsicherer Wirtschaftslage hat er zu sparen begonnen und weniger für den Konsum ausgegeben. Er wurde seinen eigenen Bedürfnissen gegenüber etwas kritischer. Er hat die Prioritäten etwas anders gesetzt. Er hat seinen langfristigen Erwartungen etwas mehr Bedeutung beigemessen als dem kurzfristigen Konsum. Mit anderen Worten: Der gewünschte ›andere‹ Verbraucher, der gewünschte neue Verbraucher, der gewünschte kritische Verbraucher war da.

Und die Wirtschaft? In einer phänomenalen Kehrtwendung schiebt sie den Schwarzpeter wieder dem Verbraucher zu. Denn nun wird ihm, das heißt seiner Kaufzurückhaltung, die Schuld an der Rezession vorgeworfen. Kauft, lieber Freunde, kauft! Man verlangte vom Verbraucher ein antizyklisches Verhalten, während man selbst die Zyklen bis zum Exzeß auszunützen versuchte. Statt daß die Wirtschaft versucht hätte, nach einer etwas solideren Basis für ihre Existenzsicherung zu suchen, und zwar zusammen mit einem kritischen Verbraucher als Partner, sah man als einzigen Ausweg aus der Krise die Rückkehr

in die Situation von 1973, also zurück ausgerechnet in jene Situation, die in die Rezessionsfalle geführt hatte. Und wenn wir aus den Schwierigkeiten nun wirklich keinen anderen Ausweg mehr finden, dann akzeptieren wir, daß wir mit tödlicher Sicherheit in Kürze in die nächste Falle hineintreten werden.
Wenn uns beispielsweise tatsächlich keine andere Lösung einfällt, als das Kartenhaus Autoindustrie so rasch als möglich wieder einigermaßen aufzurichten, dann akzeptieren wir, daß unsere ganze Volkswirtschaft erneut von einem einzigen Produkt abhängig ist. Sie begreifen wohl, wenn ich nach den Erfahrungen der letzten Jahre den Beteuerungen der Wirtschaft, sie wünsche tatsächlich einen neuen, einen kritischen Verbraucher als Partner, etwas mißtrauisch gegenüberstehe.
Machen wir doch einmal die Probe aufs Exempel und versuchen zu analysieren, wie ein neuer, ein kritischer Verbraucher aussehen könnte.

- Vor einigen Jahren bildete sich in Holland ein Komitee gegen die Angola-Politik des damals noch kolonialistischen Portugals. Das Komitee verlangte von der Firma Albert Heijn, auf den Import von Angola-Kaffee zu verzichten, um nicht länger die Angola-Politik Portugals zu unterstützen. Albert Heijn kam der Forderung nach und stellte den Verkauf von Angola-Kaffee ein.

- Seit Jahren fordert eine aktive Gruppe von Schweizer Hausfrauen vom schweizerischen Einzelhandel, die Bananen um 15 Rappen teurer zu verkaufen und die Summe dieser Differenz für Entwicklungsprojekte in den Bananenländern, die dem Volk direkt zukommen, statt den Bananenkonzernen, zu verwenden. Bisher haben sich nur einige wenige selbständige Einzelhändler dieser Forderung angeschlossen. Inzwischen haben jedoch bereits rund 30 000 Hausfrauen unterschriftlich den Appell unterstützt.

– Von Zeit zu Zeit laufen an vielen Orten in der Schweiz auf öffentlichen Plätzen, bei Bahnhöfen usw. Verkaufsaktionen für in Tansania hergestellten Pulverkaffee. Man will damit dagegen protestieren, daß wir Industriestaaten lediglich den Rohstoff zu Weltmarktpreisen aus den Entwicklungsländern beziehen, die Gewinne aus der weit rentableren Verarbeitung des Rohstoffes jedoch in die eigene Tasche stecken.

– Die VW-Händler in der Schweiz wollten sich das Umweltbewußtsein der Schweizer Bevölkerung zunutze machen, indem sie eine Aktion starteten: Wir pflanzen für jeden gekauften VW einen Baum. Die Aktion mußte wegen der Reaktion der Öffentlichkeit raschestens abgeblasen werden, nachdem der Sauerstoffverbrauch eines PKW publiziert worden und zudem bekanntgeworden war, daß die VW-Werke zur gleichen Zeit einige hundert Hektaren wertvollsten tropischen Regenwald abgeholzt hatten, um eine Farm aufzuziehen.

– Die schweizerische Frauenzeitschrift ›Annabelle‹ rief zum Protest gegen die Batteriehaltung von Legehennen auf und appellierte an die Hausfrauen, nur noch Eier aus Bodenhaltung zu kaufen – zu höheren Preisen. Der Appell wurde derart stark befolgt, daß der Handel sogar noch einen Schritt weitergehen und Eier von Freilandhühnern anbieten konnte, mit einem derartigen Erfolg, daß Millionen solcher Eier sogar aus dem Ausland importiert werden mußten. Heute halten 75% der Frauen die Käfighaltung für eine unmenschliche Tierquälerei.

Ich will hier in keiner Weise ein Werturteil über diese Bürgerinitiative und das Verbraucherverhalten abgeben. Ob diese Aktionen und Reaktionen die anvisierten Probleme überhaupt richtig erfaßt haben, und ob sie die Probleme wirklich einer Lösung näherzubringen auch nur geeignet waren, darf in diesem Zusammenhang vernachlässigt werden. Maßgebend ist etwas anderes: Die genannten Beispiele weisen auf ein neues kritisches Verbraucherverhalten hin. Der kritische Konsument beurteilt das wirtschaftliche Geschehen, die Tätigkeit des Unternehmens und den Wert eines Produktes nicht mehr allein nach dem subjektiven Nutzen, den ihm die wirtschaftliche Tätigkeit eines Unternehmens oder der Kauf eines Produktes beschert, sondern er bezieht außerökonomische Wirkungen einer wirtschaftlichen Tätigkeit oder eines Produktes in seine Beurteilungen und Entscheidungen mit ein.

Wir haben vor einigen Jahren einem kleinen Team von jungen Leuten den Auftrag gegeben, beziehungsweise die Möglichkeit verschafft, einen sogenannten Alternativkatalog zu verfassen. Gleichzeitig beherbergten wir während zwei Monaten eine Ausstellung mit dem Titel ›Umdenken – Umschwenken. Wegweiser aus den Zwängen der großtechnologischen Zivilisation‹. Der Katalog ist innert eines Jahres in rund 10 000 Exemplaren verkauft worden; das Team konnte sich selbständig machen und hat einen zweiten und einen dritten Teil des Kataloges, mit einer Gesamtauflage des Katalogs von 60 000 Exemplaren, herausgebracht. Die Ausstellung zirkuliert seit Jahren in den größeren Städten des deutschsprachigen Europa. Die im Katalog und an der Ausstellung vertretenen Ideen können also nicht mehr länger als Spinnerei und Träumerei einiger ausgeflippter Pseudointellektueller bezeichnet werden, sondern wurden von einem großen Teil der jungen Verbraucherschaft mit Begeisterung aufgenommen. Diese Kataloge sind eine Fundgrube dafür, wie ein neuer Verbraucher, der nun außerökonomischen Faktoren mindestens die Gleichberechtigung, wenn nicht sogar die Priorität einräumt, aussehen würde und je länger je mehr aussehen wird, sei es aus freier Überzeugung oder als Folge der uns mit Sicherheit bevorstehenden Erschütterungen ökonomischer, ökologischer und sozialer Natur.

Hier einige wenige Beispiele, die das andere, das kritische Konsumenten-Bewußtsein zum Ausdruck bringen:

– Der kritische Verbraucher lehnt Spraydosen ab, bei deren Herstellung zu viel Energie benötigt, das Treibgas vielleicht die Ozonschicht in unserer Atmosphäre zerstören könnte und der Nutzinhalt nicht kontrollierbar ist.

– Der kritische Verbraucher lehnt es ab, noch funktionstüchtige Gebrauchsgüter nur deshalb zu ersetzen, weil deren Styling nicht mehr modern ist.

– Der kritische Verbraucher beteiligt sich an der Organisation von Tauschbörsen für Kinderkleider und -schuhe, Spielzeuge, Sportgeräte.

– Der kritische Verbraucher lehnt Produkte in Doppelverpackung (z. B. Tuben in zusätzlicher Kartonverpackung) ab, da sie unnötigen Abfall verursachen.

– Der kritische Verbraucher benützt – wo immer die Möglichkeit besteht – die öffentlichen Verkehrsmittel, da außer der Bequemlichkeit nichts für, sondern alles gegen den Individualverkehr spricht.

– Der kritische Verbraucher sieht nicht ein, weshalb in den Nahrungsmitteln durch übertriebene Raffination zuerst die natürlichen Vitamine zerstört und nachher durch künstliche Zusätze ersetzt werden müssen, sondern lehnt denaturierte Nahrung ab.

- Der kritische Verbraucher kauft keine Waschmittel mit Desinfektionszusätzen, da er weiß, daß derart übertriebene und falsch verstandene Hygiene letzten Endes schädlich ist.

- Der kritische Verbraucher kauft aus Prinzip biologisch gezogene Nahrungsmittel, da er weiß, daß Kunstdünger auf die Dauer unseren Boden und Pestizide und Insektizide das biologische Gleichgewicht zerstören.

- Der kritische Verbraucher schafft Haushaltungsgeräte, die nur sporadisch benötigt werden, gemeinsam mit Nachbarn an.

- Der kritische Verbraucher betreibt Selbstversorgung, wo immer er die Möglichkeit hat.

- Der kritische Verbraucher lehnt Tiefkühltruhen ab, da deren Kosten und Energieverbrauch in keinem Verhältnis zu deren Nutzen stehen, besonders im Vergleich zu anderen Konservierungsmöglichkeiten.

- Der kritische Verbraucher schüttelt den Kopf über den Einbau von Klimaanlagen, die bei richtiger Bauweise in unserem Klima sinnlos, wenn nicht sogar gesundheitsgefährdend sind und unnötig Energie verbrauchen.

- Dem kritischen Verbraucher ist es unverständlich, weshalb er aus dem Laden literweise gewöhnliches

Leitungswasser in schweren Flaschen nach Hause tragen muß, statt daß er anstelle des verdünnten Limonade- oder Cola-Getränkes das Konzentrat kaufen kann.

- Der kritische Verbraucher ißt kein weißes Kalbfleisch, da die weiße Farbe nur dadurch erreicht werden kann, daß das Tier im Dunkeln gehalten und dadurch blutarm wird.

- Der kritische Verbraucher lehnt den sogenannten Fabrikzucker ab, da er nicht nur die Zähne angreift, sondern auch den Kalkhaushalt seines Körpers stört.

- Der kritische Verbraucher greift nur in den äußersten Notfällen zu chemischen Arzneimitteln, da er sich der Problematik der sogenannten Medizin bewußt ist.

Das neue Verbraucherbewußtsein bezieht sich aber auch noch auf ganz andere Sachverhalte:

Haben Sie sich noch nie über eine Warteschlange an einer Kasse eines Supermarktes geärgert? Die Kassiererin konnte Ihnen nicht schnell genug tippen. Und nun gibt es Verbraucher, die sich überlegen, welches denn der Arbeitsinhalt einer solchen Arbeiterin sei. Sie versetzen sich in die Lage einer Tipperin: Von morgens bis abends sitzt sie in einer klimatisierten, künstlich beleuchteten Halle und hat keine andere Aufgabe, als immer noch schneller zu tippen als je

zuvor. Am Abend kommt sie todmüde nach Hause und muß sich noch um die Kinder kümmern und um den Haushalt, mit den Kindern möglichst noch Hausaufgaben machen und noch nett zum Ehegatten sein. Und dann taucht plötzlich die Frage auf, ob wir denn auf unseren extrem billigen Einkauf so stolz sein dürfen, wenn er letzten Endes unter anderem auf extremste Arbeitsleistungen und eintönigste, öde Arbeitsinhalte zurückzuführen ist.
Es ist jedoch erstaunlich: Nachdem man den Verbrauchern jahrzehntelang eingehämmert hat, es komme auf den möglichst niedrigen Preis an, gepaart mit einer Qualität, die sich ausschließlich am eigenen Nutzen messe, entwickelt sich plötzlich eine Bewegung, die anderen Faktoren Priorität einräumt, oder sie doch mindestens gleichberechtigt mitberücksichtigt. Wir bezeichnen solche Verbraucher mit dem Namen ›*Öko-Konsument*‹.

Das Verhalten des Öko-Konsumenten ist nicht ein ›Zurück in die Steinzeit‹, sondern ein *Vorwärts in die nachindustrielle Zeit,*

- in eine Zeit also, in der sich der Verbraucher bewußt geworden ist, daß noch weitere Anhäufung materiellen Besitzes ihn dem menschlichen Glück nicht näherzubringen in der Lage ist;
- in eine Zeit also, die dem Fortschrittsbegriff der letzten Jahrzehnte mißtrauisch gegenübersteht;
- in eine Zeit also, die die Technik in ihre Schranken verweisen will;
- in eine Zeit also, die gemerkt hat, daß Selbstbe-

schränkung nicht Verzicht, sondern Gewinn bedeutet.

Zugegeben, es ist eine kleine und vom rein kommerziellen Standpunkt aus noch zu vernachlässigende Verbraucherschicht, die sich bereits heute derart kritisch verhält. Aber Impulse für ein neues Denken, ein neues Verhalten, ein neues Handeln sind nie von der ›schweigenden Mehrheit‹, sondern immer nur von der denkenden Minderheit ausgegangen. Die Frage ist nur, wie lange es dauert, bis sich die Impulse auch auf die noch schweigende Mehrheit auszuwirken beginnen.

Wenn es der Wirtschaft ernst wäre mit ihren Beteuerungen, der Konsument sei ihr Partner, sie richte sich nach den Wünschen der Konsumenten, sie begrüße den kritischen Verbraucher, der sich von der Werbung nicht einfach ans Gängelband nehmen lasse, dann müßte sie für sich doch allmählich die Konsequenzen ziehen und beispielsweise folgende Fragen beantworten:

Wie müßte ein Marketing konzipiert sein, das sich an einen kritischen Verbraucher richtet? Ein Marketing also, das den kritischen Verbraucher nicht nur als Marktgegebenheit akzeptiert, sondern ein Marketing, das von der Notwendigkeit dieser kritischen Haltung überzeugt ist; ein Marketing also, das bereit ist und sich sogar zum Ziele setzt, den Verbraucher in seiner kritischen Haltung zu bestärken?

Ein Marketing also,

- das der Knappheit an Ressourcen Rechnung trägt und damit die langfristige der kurzfristigen Bedürfnisbefriedigung überordnet;
- das die Konsequenzen aus der Einsicht zieht, daß wir den Energieverbrauch aus ökologischen Gründen stabilisieren müssen;
- das Produkte ablehnt, deren Abfälle nicht rezyklierbar sind;
- das die Übernahme der Beweislast für die ökologische Unbedenklichkeit neuer Fabrikationsverfahren und neuer Produkte durch die Wirtschaft als Selbstverständlichkeit betrachtet;
- das den öffentlichen Gütern den Primat einräumt;
- das anerkennt, daß den kommerziell nicht ausnützbaren Bedürfnissen der Menschen unter Umständen weit mehr Wert beizumessen ist als den durch das Marketing überbewerteten, profitabel zu befriedigenden Bedürfnissen;
- das bereit ist, die Internalisierung sozialer Kosten zu akzeptieren und auf Produkte zu verzichten, die allenfalls soziale Schäden verursachen.

Lassen sich denn in der wirtschaftlichen Realität Ansätze finden, die in diese Richtung weisen?
Ich bin vor einigen Jahren in einer Fachzeitschrift auf den Begriff des ›*Marketing by Assessment*‹ gestoßen (Otto Wolff, Marketing by Assessment, in ›Marktforscher‹ Nr. 2/75, S. 29 ff). Ich bedaure es, daß dieser Begriff meines Wissens nicht weiter verfolgt wurde. Der Begriff Marketing by Assessment lehnt sich an

den allgemein gebräuchlichen Begriff des Technology-Assessment an. So wie bei technologischen Entwicklungen gefordert wird, daß vor Realisierung des betreffenden ›Fortschrittes‹ alle nur denkbaren Ausführungen, vor allem auch im Langzeitbereich, abgeklärt werden – denken Sie an die Einstellung der Entwicklungsarbeiten am SST[1] –, so fordert das Marketing by Assessment, daß vor Einführung eines neuen Produktes, vor Eröffnung einer neuen Filiale, vor dem Bau einer neuen Fabrik usw. sämtliche möglichen Auswirkungen evaluiert, das heißt gewichtet und bewertet werden, und zwar, was das Entscheidende ist, unter Kontrolle der Öffentlichkeit, womit ich nicht in erster Linie den Staat meine, sondern eine informierte Allgemeinheit, eine informierte Öffentlichkeit, eine auf umfassenden Informationen beruhende öffentliche Meinung.

Die öffentliche Meinung ist auch das Entscheidende bei einem Ansatz, der in eine ähnliche Richtung geht wie das Marketing by Assessment: Die Konzeption der *Sozialbilanz* (s. S. 105 ff.). Die zwei wichtigsten Punkte in der Konzeption der ›Sozialbilanz‹ sind meines Erachtens erstens die Bereitschaft des Unternehmens, sich der öffentlichen Kritik zu stellen und zu diesem Zweck das Unternehmen für die Öffentlichkeit in jeder Beziehung transparent zu machen, und zweitens der Wille, in den Zielvorgaben für die Manager aller Stufen den außerökonomischen Faktoren mindestens Parität, wenn nicht Priorität zu den her-

[1] Super Sonic Transporter.

kömmlichen Wertmaßstäben unserer Wirtschaftsordnung wie Profitmaximierung, Verstärkung der Marktmacht usw. einzuräumen.

Als weiteren Ansatz würde ich gerne auch die Aktivitäten der *Verbraucher-Organisationen* erwähnen. Die europäischen Verbraucher-Organisationen sind jedoch bei den Problemen der sechziger Jahre stehen geblieben. Für Preis- und Qualitätsvergleich mögen sie noch wertvoll sein, sobald es aber um die eigentliche Verbraucher- und Verbrauchsproblematik der heutigen Zeit geht, haben sie leider nichts beizutragen. Wünschen wir also den europäischen Verbraucher-Organisationen – im Interesse unserer ganzen Wirtschaft – ein baldiges Ende ihres Dornröschenschlafes.
Einen Vorschlag möchte ich noch in die Diskussion werfen, dem ich bisher noch nirgends begegnet bin. In den dreißiger Jahren wurde – zum mindesten in der Schweiz – das sogenannte *Label- und das Vota-Zeichen* geschaffen. Die Zeichen wurden von einer neutralen Stelle, jedoch mit der freiwilligen Unterstützung der fortschrittlichen Unternehmen, während der Krisenzeit allen Waren verliehen, die unter sozial einwandfreien Bedingungen hergestellt worden waren, das heißt Löhne, Sozialleistungen und Arbeitsplätze mußten in Ordnung sein. Durch ständige Kampagnen wurde die Bevölkerung über diese Zeichen aufgeklärt und aufgefordert, nur Waren zu kaufen, die mit dem Label- oder Vota-Zeichen versehen waren. Überlegen Sie sich doch einmal, was geschehen würde, wenn es den vereinten Kräften von Staat,

Massenmedien, erwachten Verbraucher-Organisationen und fortschrittlichen Unternehmungen gelingen würde, ein Zeichen zu schaffen und wirksam zu machen, das nur für Ware verliehen würde, die den Anforderungen der heutigen Zeit, wie sie in meinen Ausführungen geschildert wurden, gerecht wird?
Und noch ein Ansatz, den ich als Leiter des Gottlieb-Duttweiler-Instituts besonders hervorheben darf:
Gottlieb Duttweiler ist nicht berühmt geworden, weil er ein genialer Unternehmer war, sondern weil es ihm gelungen war, in seinem Bereich eine Marktwirtschaft ohne die negativen Komponenten des Kapitalismus zu verwirklichen.
Sein großer Irrtum bestand nur darin, daß er glaubte, Beispiel und Vorbild würden ansteckend wirken. Sein Credo

›Freiwilligkeit ist der Preis der Freiheit‹

scheint nicht gezündet zu haben. Oder konnte es gar nicht zünden, weil ein solches Verhalten eben im Widerspruch zu den elementarsten Prinzipien unseres Wirtschaftssystems steht? Unser Wirtschaftssystem basiert auf dem Modellbild des *homo oeconomicus,* der sich als Wirtschaftssubjekt von rein rationalen und rein wirtschaftlichen Überlegungen leiten läßt. Hinzu kommt, daß unser Konkurrenzsystem überhaupt nur dann funktionieren kann, wenn sich der einzelne strikt nach seinem Eigennutz richtet. Das sind die beiden wichtigsten Voraussetzungen für das Funktionieren des marktwirtschaftlichen, kapitalistischen Wirtschaftsmodells:

- Jedes Wirtschaftssubjekt handelt nach rein wirtschaftlichen Überlegungen.
- Die Motivation jedes wirtschaftlichen Handelns ist der Eigennutz.

Und genau so verhält sich der kritische Verbraucher nun eben *nicht*. Und genau so dürfen sich die Manager, wenn sie den kritischen Verbraucher fordern oder zum mindesten akzeptieren, *nicht* verhalten.
Ich verlange, nicht nur nach wirtschaftlichen Kriterien zu urteilen, zu entscheiden, zu handeln. Ich verlange, nicht mehr allein nach dem Eigennutz zu handeln, sondern Rücksicht zu nehmen – Rücksicht ist das Gegenteil von Eigennutz – auf die Umwelt, auf die Natur, auf den einzelnen Menschen als Individuum und nicht nur als Produktionsfaktor Arbeit oder als Wirtschaftssubjekt Verbraucher, auf die kommenden Generationen, denen wir menschliche Städte, denen wir intakte Natur, denen wir erhaltene Ressourcen hinterlassen sollten.
Alles was ich von der Wirtschaft fordere, reduziert sich somit letzten Endes auf die Fragen:

- Ist der kritische Verbraucher mit den Prinzipien eines marktwirtschaftlichen Systems überhaupt vereinbar?

- Kann unser Wirtschaftssystem überhaupt noch funktionieren, wenn es auf dem Bedarfsdeckungsprinzip eines kritischen Verbrauchers statt auf dem Prinzip der Maximierung des materiellen Wohlstandes basieren müßte?

– Welches sind die Motoren unserer wirtschaftlichen Maschinerie, wenn an die Stelle einer ziellosen eigendynamischen Expansionswirtschaft das auf Selbstgenügsamkeit und Zufriedenheit basierende Kreislaufprinzip treten würde?

– Wie müßte unsere Marktwirtschaft aussehen, wenn der Markt wirklicher Ordnungsfaktor wäre und sich vom kapitalistischen Catch-as-catch-can befreit hätte?

Die falschen Leitbilder

1. Sie kennen wahrscheinlich alle die Heer-und-Haus-Kurse der Armee. Beliebtestes Thema: ›Was haben wir zu verteidigen?‹
Antwort: Unsere Freiheit.
Bestandteil dieser ›Freiheit‹ ist dabei unter anderem die Redefreiheit. Sobald wir jedoch diese Freiheit benützen, um die Armee selbst in Frage zu stellen, laufen wir Gefahr, verhaftet zu werden. Ist das nicht pervers?
These: Die Institution wird wichtiger als das, wofür sie da ist.

2. Es wäre beispielsweise geradezu ein Risiko, vor Lehrlingen oder Studenten kurz vor der Rekrutenaushebung zu sagen:

Der Originaltitel lautete: ›Sag' Ja zum Nein, die positive Verweigerung des kritischen Konsumenten‹. Vortrag gehalten vor dem Efficiency-Club, Zürich, am 10. März 1977.

Überlegt euch einmal, wodurch die Schweiz in ihrer Eigenständigkeit und Unabhängigkeit am stärksten gefährdet ist. Sind es

- der Nord/Süd-Konflikt,
- die weltweite soziale Instabilität,
- die Gefahr eines Öko-Kollapses,
- die Hegemonieansprüche der multinationalen Konzerne,
- die Möglichkeit eines Super-Gaus,

oder sind es tatsächlich in erster Linie die russischen Panzerarmeen? Ist es richtig, daß wir der Armee immer noch die absolute Priorität einräumen? Solche Fragen zu stellen, grenzt in der Schweiz an Gotteslästerung.

These: Die Institution schafft die Feindbilder, die sie braucht und verhindert, daß man die Prioritäten überprüft.

3. Wir gehen in unserem Staatsverständnis davon aus, daß bei uns Bürger und Soldat identisch seien. Und in der Tat: Wohl noch selten ist es gelungen, eine Armee derart im Volk zu verwurzeln wie bei uns. Aber: Eine Armee, die auf demokratischer Basis aufgebaut ist – Wahl der Vorgesetzten, Mehrheitsbeschlüsse, Berücksichtigung der Minderheiten usw. –, ist im Kriegsfall wohl kaum denkbar. Infolge der Identität von Volk und Armee aber werden nun die demokratiefeindlichen Prinzipien der Armee auch auf die übrigen Lebensbereiche übertragen. Der Offizier ist auch im Zivilleben Vorgesetzter und fühlt sich als Befehlender; der Soldat fügt sich auch im Zivilleben in seine subalterne Stellung als Befehlsempfän-

ger. Wer diese hierarchischen Strukturen der Gesellschaft in Zweifel zieht, gilt als subversiv.
These: Die Institution steht der positiven Evolution unserer Gesellschaft im Wege.

Ich habe absichtlich bei den heiligsten unserer Kühe angesetzt: bei der Armee. Ich will damit sagen: Es ist völlig sinnlos, über die Problematik der heutigen Wirtschaft, über neue Konzeptionen des Marketings usw. sprechen zu wollen, wenn wir nicht bereit sind, einige Grundfragen unserer Gesellschaft ebenfalls zur Diskussion zu stellen.
Um nur ganz kurz die Parallele zur Armee-Problematik aufzuzeigen, folgendes Erlebnis: Vor etwa zwei Jahren hatte ich an einem St. Galler Management-Symposium in einer Panel-Diskussion Fragen zum sozialen Engagement der Großunternehmen zu stellen. Dabei begegnete ich nun folgender – und meines Erachtens typischen – Argumentation: Einer der Top-Manager eines Multis analysierte in bemerkenswerter Klarheit, daß das heutige Unbehagen um die Wirtschaft eine grundlegende Krise der Werte unserer Gesellschaft und unseres Wirtschaftens sei. Daraus zog er nun aber keineswegs den Schluß, daß wir zu einem neuen Konsens über die Werte, die Axiome, die Zielsetzungen unserer Gesellschaft und unserer Wirtschaft kommen müßten, sondern für ihn gab es nur eine Konsequenz: ›Mischt Euch nicht ein! Überlaßt uns Managern ruhig die Zukunft! Wir werden auch diese Probleme ‚schmeißen'!‹ Noch klarer drückte sich das Vorstandsmitglied eines deutschen Automobilunternehmens aus, indem es sagte: ›Wir

müssen uns doch im klaren sein, daß der einzige Bereich, in dem alles noch stimmt, der straff geführte Betrieb ist. Der Schlamassel beginnt erst in dem Moment, wo der Arbeiter die Fabrik verläßt, wenn er in seine Familie kommt oder zu seiner Freundin, oder wenn er mit seiner Freizeit, seinem Urlaub usw. nichts anzufangen weiß. Also: Die Probleme lassen sich alle lösen, wenn es uns gelingt, die im Betrieb gültigen Prinzipien auf alle übrigen Lebensbereiche zu übertragen.‹ Und als ich ihn darauf aufmerksam machte, daß er dann ohne Umweg wieder beim Nationalsozialismus lande, war er völlig konsterniert.

So geht es eben nicht:

Wirtschaft ist nicht Leben

Leben ist nicht Managen und Gemanagtwerden

Wenn wir über die heutige Wirtschaft sprechen wollen, können wir nicht über Methoden sprechen, sondern wir müssen über Maßstäbe diskutieren: über Werte und Ziele.

Leider muß ich in der Schweiz in diesem Zusammenhang – um nicht in den Verdacht des moskauhörigen Subversiven zu kommen – immer wieder betonen: Es geht mir nicht um die Abschaffung der Marktwirtschaft – im Gegenteil, ich wüßte kein bisher realisiertes Wirtschaftssystem, das unter unseren heutigen Voraussetzungen die gleichen Vorteile aufzuweisen hätte. Aber um die positiven Seiten dieses Systems erhalten und vor der Zerstörung retten zu können, müssen wir uns doch endlich einmal Klarheit darüber verschaffen,

– in welche Widersprüche sich die Marktwirtschaft verstrickt hat,

- welche Probleme die Marktwirtschaft mit ihren Mechanismen nicht zu lösen vermag,
- welche Probleme die Marktwirtschaft mit ihren Mechanismen schafft,
- welche neuen Rahmenbedingungen der Marktwirtschaft gegeben werden müssen.

Wie sich die phänomenalen Mechanismen der Marktwirtschaft in ihr Gegenteil verkehren, sobald es um Probleme geht, die mit diesen Mechanismen nicht zu lösen sind, zeigt folgende kleine Zusammenstellung. Die Mechanismen führen zur Verdrängung der Probleme (siehe Tabelle Seite 86/87).

Ich komme damit auf meine Eingangsthese zurück. Die Tatsache, daß die Armee

- die Werte, für deren Erhaltung sie geschaffen wurde, für sich selbst außer Kraft setzt,
- eine ständige Überprüfung der gesellschaftlichen, staatlichen Prioritäten behindert,
- ihren gezwungenermaßen undemokratischen, freiheitsfeindlichen Aufbau auf die Gesellschaft ganz allgemein überträgt und die Evolution der Demokratie verhindert,

macht es für viele kritische Schweizerbürger so schwierig, sich voll und ganz hinter die Armee in ihrer heutigen Form zu stellen.

In der Armee sind diese Deformationen am offensichtlichsten. Genau die gleichen Erscheinungen finden wir aber auch in der Wirtschaft, und zwar in den vielfältigsten Formen. Hier, völlig unsystematisch, einige dieser Erscheinungen:

– Wir geben uns immer noch der Fiktion hin, daß wir arbeiten, um leben zu können. Die neueste Errungenschaft unseres Systems ist jedoch, daß wir dringend mehr konsumieren müssen, damit genügend Arbeitsplätze da sind. Oder es müssen sogar neue Bedürfnisse geschaffen werden, damit wir arbeiten können. Begegnen wir aber solchen Perversitäten nicht auf Schritt und Tritt?
– Eine Mobilität, die sich selbst aufhebt (Autos im Stoßverkehr)?
– Eine Medizin, die krank macht?
– Eine Hygiene, die anfällig macht?
– Eine Ferienmaschinerie, die Erholung zum Streß macht?
– Eine Freiheit, die den einzelnen isoliert?
– Eine Technologie, die sich selbst ad absurdum führt?
– Eine Städteplanung, die die Städte zerstört?
– Eine Universitas, die Spezialisten züchtet?
– Eine Landwirtschaft, die den Boden vernichtet? usw. usf.
– Vollbeschäftigung ist offizielles Ziel der Konjunkturpolitik. Einige zehntausend Arbeitslose sind jedoch wünschenswert, um vor allem die Jugendlichen zu disziplinieren, um sie dankbar zu machen, um ihnen bewußt zu machen, daß Arbeit ein Segen sei, um den Unteroffiziersnachwuchs in der Armee sicherzustellen und sogar um – so die Schulpflege einer Zürcher Gemeinde – das Drogenproblem zu lösen. Soll Angst vor dem Verlust des Arbeitsplatzes tatsächlich die Basis unseres Zusammenlebens sein?

Symptom	*Verdrängung*
Umweltverschmutzung	technische Anlagen evtl. Übernahme sozialer Kosten
Ölkrise	›politische Erpressung‹ Atomkraftwerke
Ladendiebstahl	Überwachung Bestrafung
Entleerung der Innen-Städte	neue City-Zentren und neue Agglomerationen um die Shopping-Centers
wilde Streiks, Personal-rotation, sinkende Arbeits-leistung	Lohnerhöhung, Verbesserung der sozialen Bedingungen, Verbesserung des Betriebs-klimas
Vereinsamung des Menschen	sinnvolle Freizeit-beschäftigung

Wirkliches Problem	*Lösungsansätze*
naturwidriges Verhalten	Kreislauf statt Expansion
Abhängigkeit, Basierung auf billigen Rohstoffen, ineffiziente Wirtschaft, Marktwirtschaftliches Verhalten der Rohstoffländer	Umstrukturierung der Wirtschaft
Schizophrenie des ›nimm – verbrauche!‹	Abkehr von gewissen Verkaufspraktiken
Preismechanismus bei Grund und Boden	neue soziale Kriterien für die Nutzung von Grund und Boden in den Agglomerationen
Sinnleere der Arbeit, Ohnmachtgefühle	Partizipation im echten Sinn, Arbeitsgestaltung, Transparenz
Auflösung der sozialen Gemeinschaften	Experimente mit neuen Gemeinschaften, mit neuen Konzeptionen des Städte- und Wohnungsbaus

– Die Wirtschaft behauptet noch immer, Investitionen tätigen zu müssen, um neue Arbeitsplätze zu schaffen. Wissen wir aber nicht ganz genau, daß mit den Investitionen nach Möglichkeit Arbeit durch Kapital ersetzt wird? (Vor kurzem teilte mir ein Unternehmer triumphierend mit, es sei ihm während der letzten Jahre gelungen, den Umsatz um 32% zu steigern und 4% Arbeitsplätze einzusparen.)

– Die Marktwirtschaft sei die Garantie der politischen Freiheiten, wollen wir noch immer wahrhaben. Dient das Verhalten der Wirtschaft jedoch nicht vor allem der Sicherstellung bestehender Privilegien? Hört die politische Freiheit nicht dort auf, wo die bestehenden Strukturen in Zweifel gezogen werden?

– Jahrzehntelang haben wir der Export- und der Bauwirtschaft die primäre Schuld an der Überhitzung der Konjunktur zugeschoben. Sie waren schuld an Inflation und Überfremdung. Und heute: Schauen nicht Politiker und Wirtschaftsexperten wie gebannt auf die Ausfuhrziffern, in der Hoffnung, bald neue Rekorde erzielen zu können, und pumpen wir unsere Konjunkturförderungsmillionen nicht ausgerechnet in die Bauwirtschaft?

– Während der Rezession haben viele Schweizer Unternehmen begonnen, Know-how in großem Stil vor allem in die OPEC-Länder zu exportieren. Haben wir damit nicht unter dem fadenscheinigen Mäntelchen der Überlebenssicherung für kurzfristige Gewinne unzählige Arbeitsplätze geopfert?

- Wir versuchen, eine der großen Ungerechtigkeiten unseres Systems, die Existenz von Reichen und Superreichen, dadurch zu beseitigen, daß wir die Vermögensbildung des kleinen Mannes propagieren. Glauben wir tatsächlich, durch die Schaffung von Millionen von Schrebergärten-Kapitalisten an der Macht der großen Vermögen auch nur das Geringste zu ändern?

- Die Wirtschaft finanziert Reklamebüros mit dem angeblichen Auftrag, die schweizerische Demokratie vor subversiven Elementen zu schützen. Ist es nicht gerade die Wirtschaft, die sich mit Vehemenz einer weiteren Demokratisierung unserer Gesellschaft entgegenstellt? Ist es nicht geradezu grotesk, daß die Reklamebüros, die angeblich die Demokratie schützen, alle Evolutionsversuche der Demokratie auf anderen Lebensbereichen als Subversion brandmarken?

- Wir rühmen uns unseres Wohlstandes. Haben wir schon einmal ausgerechnet, wie viele dieser ›materiellen Errungenschaften‹ nichts anderes sind als der krampfhafte Versuch, Dinge, die wir durch das Streben nach Wohlstand zerstört oder verloren haben, wieder herzustellen?

Es wird allmählich völlig absurd, was wir uns auf

wirtschaftlichem Gebiet leisten. Die Dummheiten nehmen allmählich Ausmaße an, die nicht mehr ungestraft verdrängt werden können. Mir kommen die Manager heute vor wie Hamster in ihrem Drehrad. Sie rennen und rennen und rennen und merken gar nicht, daß es immer im Kreis herum geht. Oder wie englische Windhunde, die ebenfalls rennen und rennen, und zwar bis zum Umfallen, und merken nicht, daß sie einem mechanischen Hasen nachlaufen. Genau so rast die Wirtschaft hinter irgendwelchen Phantomen her und merkt nicht, daß sie längst ziel- und orientierungslos sich im Kreise dreht, und zwar muß sie das immer schneller und schneller tun, damit die herkömmlichen wirtschaftlichen Wertmaßstäbe noch stimmen.

Halten wir uns doch einmal vor Augen, welches die Orientierungshilfen im wirtschaftlichen Tun der Manager sind:

- Die Kosten laufen uns davon, deshalb brauchen wir mehr Umsatz. Mehr Umsatz bringt mehr Kosten, mehr Kosten benötigen mehr Umsatz – Kosten – Umsatz – Kosten – Umsatz usw.
  = Orientierungshilfe I

- Wir sollten konsolidieren und uns beschränken. Vorsicht, der Marktanteil der Konkurrenz steigt. Wir müssen expandieren – wir sollten konsolidieren – wir sollten, wir müssen, wir sollten, wir müssen . . .
  = Orientierungshilfe II

– Wir haben zuwenig Eigenkapital. Wir müssen den Cash-flow erhöhen. Wir müssen expandieren, also investieren, womit? Fremdkapital! Wir haben zuwenig Eigenkapital usw.
  = Orientierungshilfe III

Weitere solche ›Orientierungshilfen‹ lassen sich mit Leichtigkeit finden. Ich nenne sie Sach- oder Systemzwänge.

Im Zusammenhang mit dieser Ziel- und Orientierungslosigkeit der Wirtschaft interessiert mich je länger je mehr ein Problem, das ich schon angedeutet habe:
Weshalb gehören die Manager zu den Bevölkerungsgruppen mit der höchsten Selbstmordrate? Selbstmorde sind nur die Spitze eines riesigen Eisberges. Schon die Suizidversuche sind ein Vielfaches dieser bekannten Zahl, und die Suizidversuche sind ja nur die Kurzschlußhandlungen einiger weniger unter den Unzähligen, die sich in ihrer Existenz nicht mehr zurechtfinden.
Die Manager sind die Bevölkerungsgruppe mit der größten materiellen Sicherheit, der größten sozialen Sicherheit, mit intensiven sozialen Bezugsgruppen, mit den umfassendsten Möglichkeiten, sich selbst zu entfalten, mit allen äußeren Voraussetzungen zu kultureller Betätigung, mit dem größten eigenen Entscheidungsbereich verglichen mit allen anderen Arbeitnehmern. Es ist also die Bevölkerungsgruppe, bei der alle Voraussetzungen stimmen würden, um die obersten Stufen der Maslowschen Bedürfnisbefrie-

digungspyramide zu erreichen. Und ausgerechnet bei dieser Bevölkerungsgruppe ist die Gefahr des Zusammenbruchs am größten. Hat das vielleicht gerade etwas mit dieser Ziel- und Orientierungslosigkeit zu tun? Oder mit dem, was ich Schizophrenie des Managers nenne, nämlich mit der Tatsache, daß im Berufsleben des Managers ganz andere Wertmaßstäbe gelten als in seinem Privatleben und daß er einfach diese Widersprüche auf die Dauer nicht mehr erträgt? Die hohe Selbstmordzahl unter den Managern hat aber auch noch einen anderen Aspekt, nämlich einen gesellschaftlichen:

Ausgerechnet jene Leute, die dank ihrer hierarchischen Stellung in der Wirtschaft auch in der Gesellschaft Führungsansprüche geltend machen, weisen psychische Strukturen auf, die ihnen offensichtlich verunmöglichen, ihr Leben zu akzeptieren und sich den Schwierigkeiten, mit denen sie konfrontiert sind, zu stellen. Woher nehmen dann diese Leute die Legitimation für ihren Führungsanspruch? Welche eigenartigen Leitbilder beherrschen eine solche Gesellschaft? Ein Beispiel:

In einer Weihnachtnummer der ›Schweizer Illustrierten‹ erschien eine mehrseitige Reportage über einen Manager. Er wurde hingestellt als Leitbild, indem man ihn als ›außergewöhnlichen Schweizer‹ bezeichnete.

Worin bestand nun diese ›Außergewöhnlichkeit‹? Sie bestand darin – und ich übertreibe hier nun in keiner Weise –,

- daß er ununterbrochen dicke Zigarren pafft,
- daß er täglich eine Flasche Whisky kippt,

- daß er seine Millionen in schubladisierte Zinnsoldaten investiert,
- daß er noch mit siebzig Jahren (!) gelegentlich einen hochspezialisierten Fachartikel schreibt, der weite Beachtung findet.

Sind dies tatsächlich die Leitbilder unserer Gesellschaft, Leute, die wir als ›außergewöhnlich‹ bezeichnen dürfen?

Wir spüren ja alle, daß mit unseren Leitbildern etwas nicht mehr stimmt. Sind nicht *alle,* die in der Wirtschaft tätig sind, letzten Endes Opfer der zum Selbstzweck gewordenen Eigendynamik der Wirtschaft? Sind denn nicht *alle* Bestandteile dieses Systems und damit seinen Zwängen unterworfen? Und wenn man dann jahrzehntelang unter dem Erfolgszwang der erbarmungslosen Ausleseprinzipien der Wirtschaft gestanden hat, kommt eben einmal unfehlbar der Tag, an dem man sich zu fragen beginnt: Wozu das alles?

- Konnte es Sinn meines Lebens gewesen sein, den Marktanteil von Meister Proper gegenüber dem Weißen Riesen um 5% zu erhöhen?
- Konnte es Sinn meines Lebens gewesen sein, dem Konsumenten beizubringen, auch im Winter Glacé essen zu müssen?
- Konnte es Sinn meines Lebens gewesen sein, mich als Werbeberater wie ein Strichjunge zu benehmen und mich gegen Geld für jeden und jedes zu verkaufen?
- Konnte es Sinn meines Lebens gewesen sein, dafür zu sorgen, daß meine Aktionäre eine immer höhere Dividende erhalten?
- Konnte es Sinn meines Lebens gewesen sein, alle

meine Intelligenz dafür einzusetzen, um die Pro-Kopf-Leistung meiner Arbeiter ständig zu erhöhen?

– Konnte es Sinn meines Lebens gewesen sein, den Konsumenten zu überzeugen
  daß Waschmittel mit farbigen Körnchen besser sind als solche ohne,
  daß Zahnpasta mit einem roten Strich in der Mitte besser sein muß,
  daß farbiges WC-Papier das Wohlbefinden erhöhe,
  daß es das menschliche Zusammenleben erleichtere, wenn man einander dank Spray nicht mehr riechen kann,
  daß es sinnvoller sei, sich mit leichten Zigaretten umzubringen als mit starken?

Und habe ich nicht all dies derart wichtig genommen, daß ich meine Gesundheit dafür aufs Spiel gesetzt habe, meine Kinder vernachlässigt habe, keine sozialen Beziehungen mehr habe, keine Freude mehr an einer Blume, am Vogelzwitschern, an einem Sommermorgen, an einem Herbststurm habe?
Ich komme mir vor wie ein Pfarrer, oder wie wenn ich das Wort zum neuen Tag verkündigen müßte – dabei liegt mir diese Rolle ganz und gar nicht. Aber ich glaube, das sind so diese ganz einfachen Wahrheiten. Hören wir doch auf, all die Diskussionen um das heutige Unbehagen zu ideologisieren. Wir müssen ja gar nicht so weit suchen. Der wichtigste Schritt in eine neue Richtung wäre schon getan, wenn wir uns im Geschäftsleben so verhalten würden, wie wir es im Privatleben, in unserer Familie, mit unseren Freunden,

mit unseren Nachbarn als selbstverständlich betrachten. Das tönt sehr leicht, aber sind wir ehrlich genug, uns beispielsweise einzugestehen, daß der Reichtum der Schweiz zum Teil darauf beruht

- daß Diktatoren und andere Verbrecher ihre kriminellen Vermögen auf unseren Banken verstecken können,
- daß wir unter dem Titel Entwicklungshilfe unserer Industrie Exportkredite gewähren, die die ärmsten aller Länder noch mehr ausplündern,
- daß wir unsere gefährlichen Produktionsstellen im Ausland plazieren – siehe Seveso – und akzeptieren, daß sich der damalige Chef von Hoffmann-La Roche über die Leiden der Bevölkerung und der betroffenen Kinder mokiert,
- daß Nestlé weiterfährt, mit seiner wirtschaftlichen Tätigkeit in den Entwicklungsländern den Tod und die Schädigung von Tausenden von Kleinkindern zu verursachen,
- daß wir mit unseren Waffen verbrecherische Regimes unterstützen?

Wir müßten uns Fragen stellen wie beispielsweise die folgenden:

- Welches sind die echten Schmarotzer in unserer Gesellschaft? Die paar sogenannten langhaarigen Jugendlichen, die sich dem Leistungszwang unserer Wirtschaft entziehen – oder die Manager-Millionäre, die in Saus und Braus leben, ohne einen Rappen Einkommenssteuer zu bezahlen?
- Welches sind die gefährlicheren Terroristen: Die paar Kriminelle, die der Bundesrat als *die* Geißel

der heutigen Zeit bezeichnet, oder all jene Diktatoren, mit denen wir beste Wirtschaftsbeziehungen pflegen?
- Wer verweigert unserem Staat die Gefolgschaft: Die paar Jugendlichen, die aus Gewissenskonflikten oder aus anderen Überzeugungsgründen unser Militärwesen ablehnen, oder all die Firmen, an deren Spitze selbstverständlich hohe Offiziere sitzen, die alles tun, ja selbst ihren Geschäftssitz ins Ausland verlegen, um Steuern einsparen zu können?
- Welches sind die wirklichen Subversiven unserer freiheitlichen, rechtsstaatlichen Ordnung? Die paar Jugendlichen, die krampfhaft versuchen, einen Ausweg aus den heutigen Entwicklungen zu finden und deshalb kritische Fragen stellen, oder diejenigen, die mit dem Schrei nach Ruhe und Ordnung nichts anderes wollen, als ihre Macht und ihr Geld sicherzustellen und zu vermehren?

Stellen Sie sich einmal vor, wenn wir mit all den Geschmacklosigkeiten, Tricks, Alibi-Übungen usw. aufhören müßten:

- Wenn wir uns ein Kunsthaus mit Gewinnen aus dem Waffenhandel finanzieren lassen, mag es noch eine Frage des Geschmacks sein.
- Wenn die Energiewirtschaft in ihrem neuesten Blättchen ›Die Elektrizität‹ den Begriff Alternativenergie behandelt und dabei von Kernenergie spricht, so ist dies kaum mehr zu überbietende Dummheit.
- Wenn die chemische Industrie als Propaganda-

schrift ein ›Umweltjournal‹ herausgibt, so ist dies blanker Zynismus.

- Wenn die Tabakindustrie eine Stiftung für Naturschutz gründet, genügt der Ausdruck ›Zynismus‹ wohl kaum mehr.
- Wenn wir sagen, wir müßten Atomkraftwerke bauen, um unsere Auslandsabhängigkeit zu reduzieren, so ist das schlicht und einfach eine Lüge.

Es ist Irreführung oder Selbstbetrug,

- wenn wir den Import von Lebensmitteln aus Ländern mit Monokulturen als Entwicklungshilfe bezeichnen,
- wenn Werbekampagnen für Flaschenmilch in Entwicklungsländern als humanitäre Leistung hingestellt werden,
- wenn ›betriebliche Partnerschaft‹ als Alternative zur Mitbestimmung bezeichnet wird,
- wenn Hoffmann-La Roche unter der Leitung der Werbeabteilung Seminare für Jugendliche über die Gefahren des Suchtmittelmißbrauchs organisiert,
- wenn ein Luzerner Modehaus Mäntel für die Erdbebenopfer in der Türkei sammelt, einen Mantel aber nur entgegennimmt, wenn gleichzeitig ein neuer gekauft wird.

- Wenn wir den Bleigehalt des Benzins reduzieren, ist dies sinnvoll. Wenn wir aber den Bleigehalt um beispielsweise 20% reduzieren, zur gleichen Zeit aber die Autoproduktion um 50% steigern, streut uns die Bleireduktion Sand in die Augen.

- Wenn wir Recycling betreiben, das heißt Abfälle usw. wiederverwerten, ist dies sinnvoll. Wenn wir aber mit der Wiederverwertung neue Wachstumsindustrien schaffen, die die Umwelt wieder zusätzlich belasten, ist Recycling ein Tun-als-ob.
- Wenn wir mit Denkmalpflege, Renovationsbemühungen usw. alte Gebäude und Quartiere erhalten wollen, ist dies begrüßenswert. Wenn wir jedoch nur die Fassaden erhalten und hinter den Fassaden Altwohnungen durch Luxusappartements, Wohnraum durch Büros, Läden des täglichen Existenzbedarfs durch Boutiques ersetzen, dann übertünchen wir mit dem ›Erhalten‹ die Zerstörung der gewachsenen Strukturen.

Jeder kann diese Liste beliebig weiterführen. Es sind nur einige wenige Beispiele, aber ähnliches Verhalten liegt ja unserem täglichen Wirtschaftsleben zugrunde. Glaubt die Wirtschaft wirklich, daß sie es fertigbringt, wenigstens sich selbst gegenüber ehrlich zu sein? Daß sie nicht bereit ist, den Konsumenten als gleichberechtigten Partner anzuerkennen und ihm offen und ehrlich die Wahrheit zu sagen, liegt auf der Hand.
Machen wir eine ganz einfache Probe aufs Exempel. Ich nehme als Beispiel absichtlich einen Supermarkt. Sollte man dann dem Konsumenten nicht folgendes sagen:
- Dieser Luftvorhang hier hat keinen anderen Zweck, als dich leichter in den Laden hineinzuholen. Im übrigen ist er völliger Unsinn, da er Unmengen Energie verbraucht.

- Hörst du die Musik? Sie ist genau so ausgewählt und zusammengestellt, daß du dich von der Atmosphäre leichter einlullen läßt, länger im Laden bleibst und mehr kaufst, als du wolltest.
- Merkst du eigentlich, wie raffiniert die Gestelle angeordnet sind, damit du unbemerkt möglichst am ganzen Sortiment vorbeigeführt wirst?
- Weißt du, weshalb die Gemüseabteilung dort hinten ist? Wir wissen es genau!
- Siehst du, diese Packung ist viel zu groß. Sie soll dir ja auch nur vortäuschen, daß du mehr Ware, als wirklich drin ist, erhältst.
- Richtig, das biologische Obst wäre natürlich viel gesünder und haltbarer, aber die ›chemischen‹ Äpfel sind doch viel schöner – und du kaufst eben mit den Augen!
- Nein, diese Wäsche ist gar nicht so günstig, wie es scheint. Sie läuft viel zu stark ein und ist ohnehin zweite Qualität.
- Brauchst du wirklich drei Hemden? Oder hast du dich nicht einfach von der Aktion ›3 für 2‹ verleiten lassen?
- Ja, diese Gondel hier wurde speziell für sogenannte Impulskäufe entwickelt, das heißt Ware, die du gar nicht kaufen wolltest. usw. usw.

Diese Beispiele sind nette Harmlosigkeiten im Vergleich zu dem, was ganz allgemein im Marketingbereich an Konsumentenbeeinflussung üblich ist.

Glaubt jemand, daß die Wirtschaft fähig ist, sich von solchem Verhalten loszusagen und ganz einfach ehrlich zu sein?

Der Konsument will das doch gar nicht, ist eine der

üblichen Entgegnungen der Manager; er ist ja gar nicht fähig, die wirtschaftlichen Zusammenhänge und Notwendigkeiten zu erkennen, zu beurteilen und die gesamtwirtschaftlich richtigen Verhaltensweisen zu entwickeln.

Es stimmt: Er ist dazu nicht fähig. Aber nicht aus subjektiven Gründen, sondern weil man ihm bewußt verwehrt, die Zusammenhänge zu erfahren und zu erfassen. Ist die Wirtschaft denn bereit, ihm diese Möglichkeit zu geben, das heißt mit offenen Karten zu spielen? Der Fachausdruck für diese Forderung heißt: Transparenz der Wirtschaft. In jedem Seminar, in jeder öffentlichen Diskussion bekennt man sich dazu. Ein gigantischer Bluff! Ich kann nur die Fragen wiederholen: Ist die Wirtschaft bereit

- das Bankgeheimnis abzuschaffen?
- das Depotstimmrecht der Banken zu verbieten?
- die Bankgeschäfte der öffentlichen Kontrolle zu unterstellen?
- die Unternehmen zur Publikation einer Sozialbilanz nach strikten Normen zu verpflichten?
- in jedem Unternehmen eine ökologische Buchhaltung einzuführen?
- ehrliche Bilanzen und ehrliche Gewinn- und Verlustrechnungen zu publizieren?
- öffentlich Rechenschaft über die Verwendung staatlicher Hilfen und Subventionen abzulegen?
- über die Arbeitsbedingungen der Arbeitnehmer ein System betrieblicher Sozialindikatoren zu entwickeln und verbindlich anzuwenden?
- Beteiligungen und Verflechtungen jeglicher Art zu veröffentlichen?

– der Öffentlichkeit ein Vertretungsrecht in den Verwaltungsräten einzuräumen?

Und die Bereitschaft allein würde ja noch nicht genügen, sondern dann müßte man dem Konsumenten ein Mittel in die Hand geben, um diese Ehrlichkeit und Offenheit der Wirtschaft durchzusetzen. Dies ist tatsächlich eine Kernfrage in all diesen Auseinandersetzungen: Wer wahrt die Interessen der Öffentlichkeit, und zwar einer unstrukturierten, unorganisierten, nicht-institutionalisierten Öffentlichkeit?

Ich glaube, daß es keine andere Möglichkeit gibt, als die Frage der Aktivlegitimation, das heißt das Recht, eine Klage einreichen zu können, völlig neu zu regeln.

– Man sollte gegen wahrheitswidrige Werbung klagen können.
– Man sollte gegen die Tabakindustrie wegen Gefährdung menschlichen Lebens klagen können.
– Man sollte gegen frisierte Bilanzen klagen können.
– Man sollte gegen menschenunwürdige Arbeitsbedingungen klagen können.
– Man sollte gegen irreführende Verpackungen klagen können.
– Man sollte gegen Hoffman-La Roche wegen Seveso klagen können.
– Man sollte gegen die Benzinfirmen wegen des Bleizusatzes klagen können.
– Man sollte gegen den Vorstand des ACS[1] klagen können, weil er dafür plädiert, soundsoviel Menschen umzubringen, damit einige Psychopathen etwas schneller fahren können.

[1] Automobilclub der Schweiz.

- Man sollte gegen die Banken klagen können, die mit den Geldern von Diktatoren und anderen Kriminellen unseren Ruf schädigen.
- Man sollte gegen die chemische Industrie klagen können, wenn sie sich weigert, Suchtmittel der Rezeptpflicht zu unterstellen.
- Man sollte gegen Luftverschmutzer, Wasserverschmutzer usw. klagen können.

Die meisten dieser Beispiele wären Tatbestände, die unter die Bestimmungen des schweizerischen Strafgesetzbuches fallen würden.

Gelten denn für die Wirtschaft andere Normen als für den ›normalen‹ Menschen? Oder kann mir sonst jemand plausibel begründen, weshalb diese Gesetzesbestimmungen auf die Verhaltensweisen der Wirtschaft keine Anwendung finden? Und dies sind ja nur die Normen des Strafgesetzbuches. Hinzu kommen nun noch die Bestimmungen des Obligationenrechts. Hier reicht es, einmal mehr das Beispiel des Appenzeller Bauern anzuführen, der in den USA gegen den Riesenkonzern Dupont hätte prozessieren müssen, um zu seinem Recht zu kommen (s. S. 14), um aufzuzeigen, weshalb der ständige Hinweis der Wirtschaft, der Konsument könne sich ja auf dem Rechtsweg zur Wehr setzen, eine reine Farce ist.

Letzten Endes bleibt dem Konsumenten eben nach wie vor nur eine Waffe: Seine Kaufkraft, sein Geld. Aber ich kann Ihnen sagen: Wenn er diese Waffe einmal tatsächlich einsetzen wird, dann wird ihre Wirkung verheerend sein. Wenn es der Wirtschaft nicht gelingt, sich sehr rasch umzustellen, dann wird dieses

›einmal‹ sehr bald sein. Wir haben im Jahre 1974 einen kleinen Vorgeschmack dessen erlebt, was es heißen kann: ›Konsumzurückhaltung‹. Der Konsument ist heute derart sensibel geworden, daß die minimsten äußeren Anlässe genügen, um sein Verhalten völlig zu verändern. Die zwar noch relativ kleine, aber immer einflußreichere Gruppe von kritischen Konsumenten hat ihr Verhalten bereits geändert:
Sie sagt Nein.
Ich spreche zwar immer vom abwehrenden Verhalten des Konsumenten, von der Anti-Haltung des Konsumenten, ja vom rechtlichen Vorgehen des Konsumenten gegen die Wirtschaft. Interpretieren Sie diese Anti-Haltung nicht falsch: Es ist keine negative Haltung, es ist keine pessimistische Haltung. So wie es eine legitime Form der Gewalt gibt, nämlich die Gegengewalt gegen strukturelle oder institutionelle Gewalt, so gibt es eine positive Verweigerung, ein positives, optimistisches Nein, ein *JA zum NEIN*.

Der kritische Konsument sagt JA dazu,

- nicht mehr länger Opfer der sogenannten Sach- und Systemzwänge zu sein.
- nicht mehr länger Konsumobjekt zu sein.
- nicht mehr länger Verschwender zu sein.
- nicht mehr länger beliebig manipulierbar zu sein.

Wir werden mit Sicherheit noch erleben, welche positive Kraft in dieser *freudigen Verweigerung*, in diesem JA zum NEIN liegen wird.

Soziale Kosten

Wenn uns ›Wirtschaft‹ mit Schmidheiny-Spielchen oder anderen ähnlichen Tricks eingetrichtert werden soll, so ist das Schlimmste daran wahrscheinlich die heutige Quantifizierung und Kommerzialisierung des ganzen Lebens. Was nicht in meßbarer Kostengröße zu fassen ist, ist nichts wert, ist nicht einmal existent. Um trotzdem im Rahmen der wirtschaftlichen Gedankenwelt zu bleiben, wollen wir dies am Beispiel des Begriffs der sozialen Kosten aufzeigen. In einem Leserbrief im ›Tages-Anzeiger‹ habe ich eine ausgezeichnete Darstellung solcher sozialer Kosten am Beispiel der Tierfabriken gelesen. Ein Leser wirft die Frage auf, wie teuer uns Tierfabriken tatsächlich zu stehen kommen, sobald wir einmal vom Preis/Kosten-Begriff, wie er heute noch üblich ist, abkommen.

›Wie hoch ist der Preis für die Aufrechterhaltung der Tierfabriken? Dieser Preis wird bezahlt von den

– *Tieren:* Durch die industrielle Tierhaltung verschwanden Schweine, Mastkälber und Hühner mehr und mehr von den Bauernhöfen in die Batterien. Die Tiere leben unter Bedingungen, die den Bedürfnissen der jeweiligen Tierart überhaupt nicht entsprechen, degradiert zu Proteinfabriken, die ein Maximum an Rendite abwerfen.

Der Originaltitel lautet: ›Die sozialen Kosten des Handels‹. Vortrag gehalten anläßlich des Symposiums des Österreichischen Rundfunks, Landesstudio Vorarlberg, über ›Einkaufszentren als gesellschaftliches und wirtschaftliches Problem‹, in Dornbirn, am 24. November 1978 und anläßlich des Nationaal Detailhandelsmarketing Congres 1979 in Amsterdam vom 3. Mai 1979.

– *Konsumenten:* Die Medikamente, die dem Tierfutter beigegeben werden, finden wir als Rückstände in unseren Lebensmitteln.
– *kleinen und mittleren Bauernbetrieben:* Billiges Schweine- und Pouletfleisch führt zu Absatzschwierigkeiten für Rind- und Kalbfleisch. Kleine Bauernbetriebe verlieren damit eine wichtige Einnahmequelle. Als Folge davon erleben wir den Untergang von Bauernbetrieben in Randgebieten und die Vergantung der Landschaft.
– *Hungernden:* Es ist vor allem die industrielle Tierhaltung, die große Mengen von Futter verbraucht, das als menschliche Nahrung verwendbar wäre. Um eine Kalorie Rindfleisch zu produzieren, braucht es 12 Futterkalorien. Die Futtermitteleinkäufe auf dem Weltmarkt gehen auf Kosten der Hungernden in den Entwicklungsländern.

Weiter verstärkt die Massentierhaltung unsere *Auslandabhängigkeit,* da diese Betriebe das Futter als Rohstoff, meist im Ausland, kaufen müssen.‹

Allgemein formuliert geht es um folgende Zusammenhänge:

1. Jede wirtschaftliche Aktivität hat – gewollt oder nicht gewollt – Auswirkungen in anderen wirtschaftlichen Bereichen, aber auch in gesellschaftlichen, sozialen Bereichen, in der sogenannten ›Umwelt‹ des Unternehmens.
2. Die Umwelt des Unternehmens umfaßt folgende Bereiche:
   – Erstens die ›Umwelt im engeren Sinn‹, so wie sie beispielsweise in der Umwelttechnologie verstanden wird, das heißt die das Unternehmen

umgebende Natur: Luft, Wasser, Grünfläche usw., aber auch die Tier- und Pflanzenwelt.

- Zweitens die Gesellschaft oder die Gemeinschaft, in der das Unternehmen tätig ist: beim Einkauf kann das eine afrikanische oder südamerikanische Region sein, es kann aber auch ein kleines Dorf bei uns sein, wo ein Laden geschlossen oder eröffnet wird.
- Drittens die Individuen, die durch die wirtschaftliche Tätigkeit des Handels in irgendeiner Weise tangiert werden. Dies können die Arbeitnehmer sein, es kann dies auch eine alte Frau sein, die wegen der Schließung des einzigen Dorfladens nun nicht mehr weiß, wo sie einkaufen soll.
- Und viertens, was man oft vergißt: Zur Umwelt im weitesten Sinne gehören auch die kommenden Generationen. Ein Unternehmen, das ständig vom Kapital statt vom Ertrag lebt, geht sehr rasch pleite. Wir tun jedoch dasselbe mit unseren Rohstoffen, um nur ein Beispiel der Rücksichtslosigkeit gegenüber kommenden Generationen zu erwähnen. Ebenso schlimm – um ein anderes Beispiel zu erwähnen – dürfte die Zerstörung unserer Städte sein.

3. Jede wirtschaftliche Aktivität kann sich in diesen vier Bereichen positiv oder negativ auswirken. Aus diesen positiven oder negativen – gewollten oder ungewollten – Effekten läßt sich eine Bilanz erstellen, die sogenannte Sozialbilanz. Auch in der Wirtschaft wird je länger je mehr anerkannt, daß für die Bemessung des Erfolges eines Unterneh-

mens nicht mehr länger die kommerziellen, betrieblichen Größen allein maßgebend sein dürfen, sondern daß den Nebeneffekten in anderen wirtschaftlichen oder in den sozialen Bereichen wenn schon nicht die Priorität, dann mindestens die gleiche Bedeutung wie den kommerziellen Ergebnissen einzuräumen ist.

4. Die Marktwirtschaft verfügt über die phänomenalsten Mechanismen, solange es sich um den rein kommerziellen – oder allgemein gesagt: um den materiellen – Bereich handelt. Die Marktwirtschaft ist jedoch nicht in der Lage, aus sich selbst heraus, aus ihren Mechanismen heraus, die außerhalb des kommerziellen Bereichs liegenden Probleme zu lösen oder die Nebeneffekte der kommerziellen Aktivität auch nur zu berücksichtigen. Im Gegenteil: Die Mechanismen verhindern, daß diese Nebeneffekte überhaupt berücksichtigt werden können.
5. Da die Marktwirtschaft aus sich heraus also nicht in der Lage ist, die externen Effekte zu berücksichtigen, erweist es sich als notwendig, die Folgen dieser Effekte in irgendeiner Weise zu erfassen. Man versucht, dies mit dem Begriff der ›*sozialen Kosten*‹ zu tun. Soziale Kosten sind also Kosten, die von einem Wirtschaftssubjekt, in der Regel einem Unternehmen, verursacht, jedoch nicht von diesem Verursacher getragen werden, oder sind Leistungen der Öffentlichkeit oder eines Dritten, die von einem Unternehmen kommerziell ausgenützt werden, ohne daß es dafür eine Entschädigung bezahlen muß.

6. Solche sozialen Kosten können die vielfältigsten Formen annehmen: Es kann sich um Investitionen der öffentlichen Hand zugunsten der Privatwirtschaft handeln. Denken Sie nicht nur an die Infrastruktur, die von der Öffentlichkeit zur Verfügung gestellt wird. Ebenso wichtig sind beispielsweise Forschungsausgaben des Staates, die direkt oder indirekt privaten Firmen zugute kommen. Oder überlegen Sie sich einmal, daß die gesamte Atomindustrie nichts anderes ist als ein kommerzielles Abfallprodukt der gigantischen Kriegsinvestition ›Atombombe‹.

Aber auch die Übernahme sogenannter ›unrentabler‹ Wirtschaftszweige – Verkehrswesen, Kommunikationssysteme, Sozialdienste usw. – durch die öffentliche Hand verursacht soziale Kosten, ganz abgesehen von der Übernahme privatwirtschaftlicher Verluste durch die Öffentlichkeit. Denken Sie an den Schrei nach dem Staat, sobald sich irgendein Wirtschaftszweig durch strukturelle Umschichtungen oder konjunkturelle Einbrüche bedroht fühlt.

Der Schrei ist regelmäßig bei jenen Wirtschaftszweigen am lautesten, die zu Zeiten hoher Gewinne nicht genug auf die freie Marktwirtschaft pochen konnten, um regulierende staatliche Rahmenbedingungen abzuwehren. (Krassestes Beispiel der jüngsten Vergangenheit ist bei uns in der Schweiz die Bauwirtschaft.)

Als soziale Kosten gelten aber auch, und vor allem, Benützung und Verwertung ›allgemeiner Güter‹ wie Raum, Wasser, Luft, Licht durch die Wirtschaft, ferner Kosten zu Lasten kommender Generationen. Denken Sie an die Erschöpfung von Ressourcen oder gar an den Atommüll, den wir hinterlassen. Nicht vergessen dürfen wir schließlich den ganzen Komplex der immateriellen Kosten wie Lärm, Streß, menschenunwürdige Arbeitsprozesse, Beeinträchtigung des Landschaftsbildes, Zerstörung der Städte usw.

7. Die Existenz sozialer Kosten beziehungsweise die Möglichkeit, Kosten auf die Allgemeinheit abzuwälzen, hat alle möglichen Konsequenzen, die ich nur stichwortartig andeuten kann:
   - Jedes Unternehmen ist nach den Prinzipien unseres Wirtschaftssystems bestrebt, möglichst viele Leistungen von Drittpersonen oder der Allgemeinheit zu beanspruchen beziehungsweise Kosten zu überwälzen.
   - Die Trennung von internen und externen Kosten begünstigt Umweltverschmutzung, Lärmerzeugung usw.
   - Die Möglichkeit, Leistungen und Güter der Allgemeinheit kommerziell ausnützen zu können, verfälscht den Wettbewerb zugunsten der Stärkeren und Mächtigeren.
   - Die von diesen Möglichkeiten Profitierenden versuchen alles, um die Existenz externer und sozialer Kosten zu verschleiern oder zu verniedlichen. Sie wehren sich gegen die Erfassung der Kosten und verhindern die Einführung des Verursacherprinzips in Umweltschutz, Städtebau, Regionalplanung usw.
8. Versuchen wir nun am Beispiel Einkaufszentrum,

diese nicht vom Verursacher getragenen Kosten zu analysieren und zu systematisieren.

8.1. Der Verbraucher, der mit seinem Wagen – oder wenn es gut geht – mit einem öffentlichen Verkehrsmittel ins Einkaufszentrum fährt, hat selbstverständlich die Reise und den Zeitaufwand für diese Einkaufsfahrten miteinzurechnen, wenn er seine Einkaufskosten beurteilen will. Der Handel überbindet dem Konsumenten die Kosten der Feinverteilung. Extremstes Gegenbeispiel der ursprünglichen Feinverteilungsfunktion des Handels ist der Milchmann oder der Bäcker, der vielerorts die Ware noch heute ins Haus bringt.

Sie mögen einwenden, bei der Fahrt ins Einkaufszentrum handle es sich um freiwillige Zusatzkosten des einkaufenden Konsumenten. Dies stimmt nur so lange, als durch eben diese Einkaufszentren ein intaktes Verteilersystem mit zu Fuß zu erreichenden Läden in den Dörfern und Quartieren nicht zerstört worden ist. Und dennoch: Diese durch das Einkaufszentrum verursachten Kosten sind relativ harmlos. Sie sind individuell und in Franken oder Schilling erfaßbar und damit zu beurteilen. Letztlich sind diese Kosten eine Frage der Konsumenteninformation.

8.2. Bereits etwas schwieriger wird es mit der nächsten Kostenart, den Infrastrukturkosten, die der Gesellschaft durch das Einkaufszentrum entstehen. Ich nehme als Beispiel das Glatt-Zentrum bei Zürich. Dieses Shopping-Center verfügt über mehr als 4000 Parkplätze. An Spitzentagen rechnet man mit rund 16 000–17 000 an- und wegfahrenden PKW. Stellen Sie sich einmal allein die Straßenbaukosten für die Fahrten dieser Wagen vor! Aber die Straßen sind nicht die einzigen Infrastrukturkosten des Autos; Polizei und Krankenhäuser gehören beispielsweise auch dazu. Und die Infrastrukturkosten des Autos sind ja bei weitem nicht die einzigen Infrastrukturkosten, die der Öffentlichkeit mit den Einkaufszentren entstehen. Ich darf auf eine Aufzählung verzichten; Sie kennen sie so gut wie ich. Aber noch immer bin ich bei den in Franken und Schillingen ausdrückbaren Kosten geblieben.

8.3 Wie steht es denn mit den Abgasen der Autos? Und dem Lärm? Und dem Blei?

Damit habe ich als weitere Kostenkategorie den ganzen Komplex der durch das Einkaufszentrum hervorgerufenen ökologischen Belastungen angeschnitten. Ich habe den Eröffnungsprospekt des Glatt-Zentrums hervorgekramt. Es ist unglaublich, mit welchem Stolz man noch 1975 auf Zahlen hinwies, wie

- Heizungsanlage 18 Mio kcal/h
- Öltanks mit 500 000 Liter Inhalt
- Luftmengenbedarf der Klimageräte bis 300 000 m^3/h
- Außenluftbedarf bis 1,7 Millionen m^3/h
- Frischwasserverbrauch 250 000 m^3/Jahr,

was einem Schwimmbad von 1 km Länge, 100 m Breite und 2,5 m Tiefe entspricht.

Dabei weiß man ganz genau – und wußte es damals schon –, daß Energieverbrauch ökologische Belastung an sich darstellt, daß also künstliche Beleuchtung, künstliche Belüftung, Klimatisierung, Kühlung usw. ökologische Belastungen an sich darstellen.

Wie erfassen Sie nun *diese* Kosten? Sie sind zur Zeit in absoluten Größen noch kaum zu erfassen. Es gibt einzelne Ansätze. Einer dieser Ansätze ist die ökologische Buchhaltung, wie sie in pionierhafter Weise in der ROCO-Konservenfabrik Rorschach erstellt worden ist.

Etwas weniger weit gehen die sogenannten Energiebilanzen, die in einem Einzelbetrieb festhalten wollen, welcher Energie-Input welchem Energie-Output gegenübersteht. Diese Energiebilanzen sollen vor allem dazu dienen, Ansätze für Energiesparmöglichkeiten im Betrieb zu erfassen. Solche Bilanzen lassen sich natürlich auch für ganze Fabrikations-, Verarbeitungs- und Verteilungsabläufe erstellen. Sie können beispielsweise das Produkt Orangensaft heute im Laden in folgender Form kaufen:

– als ganze Orangen
– als frischgepreßten Saft in Glasflaschen oder Konservendosen
– als rückverdünntes Konzentrat in Brikpak oder Gasflaschen

– als tiefgekühltes Konzentrat
– als gefriergetrocknetes Pulver

Für jede Produktform muß ein ganz anderer Energieaufwand eingesetzt werden.

Vom Standpunkt der sozialen Kosten aus werden aber alle diese Erhebungen erst dann aussagekräftig, wenn sie als relative Größen eingesetzt werden können. Beim Einkaufszentrum also beispielsweise:

– Wie groß ist der Energieaufwand insgesamt pro 1000 Franken umgesetzter Ware? (Zum Vergleich: auf dem traditionellen Markt ist der Energieaufwand bei Tageslicht und natürlicher Temperatur gleich null.)
– Wie groß ist die Belastung durch Abwasser pro umgesetzter Tonne Ware im Vergleich zum herkömmlichen Einzelhandel?
– Wie groß ist die Belastung der Umwelt durch Abgase, Abluft usw. pro Kunde im Vergleich zu anderen Verteilerformen?

Diese Vergleichsbilanzen sind keine theoretischen Größen. Im Gegenteil – in der heutigen Umweltdiskussion scheint sich je länger je mehr das Bekenntnis zum Verursacherprinzip durchzusetzen:

Wer die Umwelt belastet, soll dafür bezahlen.

Ich persönlich habe etwas Mühe mit diesem Prinzip, weil man es geradezu als Exzeß der Marktwirtschaft betrachten kann. Du darfst die Umwelt verschmutzen, soviel du willst, du darfst Energie verbrauchen, soviel du willst, du darfst Frischwasser brauchen, soviel du willst, du darfst ökologische Systeme durcheinander bringen, soviel du willst – sofern du dafür bezahlst! Also auch hier die Macht des Stärkeren, das heißt des Kapital-Potenteren? Das Prinzip hat allerdings den Vorteil – sofern man dies als Vorteil betrachtet – marktkonform und damit systemkonform zu sein. Und damit könnte und sollte es unverzüglich angewendet werden.

Ich wage die Behauptung:
Durch die Möglichkeit, Infrastrukturkosten und ökologische Kosten auf Dritte abzuwälzen, wird der marktwirtschaftliche Wettbewerb in geradezu grotesker Weise zugunsten der Großen verfälscht. Es ist mir völlig unverständlich, daß sich die Forderung der sogenannten Internalisierung externer Kosten, das heißt die Forderung, daß die von mir geschilderten sozialen Kosten in die Betriebsrechnungen der einzelnen Unternehmen aufgenommen werden müssen, nicht schon längst durchgesetzt hat. Ich bin überzeugt, daß die Struktur des Handels heute eine andere wäre.

8.4 Mit der nächsten Kategorie sozialer Kosten entferne ich mich vollends von den meßbaren Größen. Sie wären zwar allenfalls noch quantifizierbar, jedoch nicht mehr zu messen, weil die Vergleichsgrößen fehlen. Es handelt sich um die Kosten, die unserem System inhärent

sind. Nehmen wir ein ganz simples Beispiel: Ich kann zu einem Bauern gehen, für 70–80 Rappen einen Liter Milch (Schweizer Produzentenpreis) kaufen, etwas Ferment und Aroma beigeben, und dann habe ich Joghurt – ohne irgendwelche zusätzliche Belastungen und Kosten. Ich kann aber ein Joghurt aus dem Laden in den Kühlschrank stellen. Dann habe ich dafür Fr. 2,50 pro Liter bezahlt. Die Differenz von Fr. 1,70 sind ausschließlich unnötige Verarbeitungs-, Verpackungs- und Transportkosten – und damit habe ich aber noch bei weitem nicht alle Kosten abgedeckt, nicht einmal die Kosten meines Kühlschrankes, geschweige denn die ökologischen Belastungen durch all die Lastwagentransporte oder die Beseitigung der Kunststoffverpackung. Dieser Vergleich ist sinnlos, weil Sie als Normalbürger die Milch eben gar nicht mehr beim Bauern kaufen können. Das heißt, die Kosten sind systemimmanent, zwar theoretisch erfaßbar, jedoch praktisch nicht vergleichbar und damit nicht belastbar.
Ähnlich verhält es sich mit den durchaus nachweisbaren Schäden, die in der Vernichtung selbständiger Existenzen bestehen. Das Shopping-Center verweist mit Stolz auf die paar Einzelhändler, die sich in einem solchen Center einmieten dürfen. Letztlich dienen sie jedoch nur der Dekoration der Einzelhandelsgiganten; alle Entscheidungsbefugnisse liegen bei den Großen. Wie wollen Sie diese so-

zialen Kosten den Einkaufszentren belasten? Nicht nur Einzelhändler werden zugrunde gerichtet, sondern auch kleine lokale Lieferanten des Einzelhandels. Oder wie wollen Sie die Entvölkerung der Stadtzentren, die Verödung der Dorfkerne in konkreten Kostengrößen fassen und den Einkaufszentren auf der grünen Wiese zurechnen? Nur unter Einrechnung all dieser Kosten wären die Warenpreise im Einkaufszentrum wirklich aussagekräftig.

Etwas anderes im gleichen Zusammenhang: Einkaufszentren werden Konsumtempel genannt.

Ein hervorragender Ausdruck! Konsum als Götze, Umsatz als Wert an sich, Quadratmeterzahlen, Cash-flow, Pro-Kopf-Leistung als Maßstäbe menschlicher Existenz! Wir müssen noch gar nicht an die Beeinträchtigung immaterieller Werte denken. Versuchen Sie einmal abzuschätzen, wieviel sinn- und nutzloser Einkauf in einem Einkaufszentrum getätigt wird, allein wegen der überwältigenden Fülle des Angebots, der Raffinesse der Umgebung, der Verführungskünste der Verkaufs- und Werbepsychologen, des Sozialprestiges eines zum Selbstzweck gewordenen Konsums!

Aber auch diese Kosten sollten in eine Rechnung eingesetzt werden können, die vom Menschen und seinen echten Bedürfnissen und nicht vom Umsatz und Cash-flow ausgeht.

8.5 Vollends versagen muß unser Kostenbegriff, wo es nicht mehr um quantifizierbare Größen geht.

Unser Institut hat vor einigen Jahren versuchsweise eine Untersuchung über die sozialen Kosten des Automobils in der Schweiz erstellen lassen. Es ging alles ziemlich problemlos, solange es sich um Straßenbau, Spitalkosten, Kosten für die Polizei usw. handelte. Aber nun kamen die Verkehrstoten. Wie ›bewerten‹ Sie einen Toten? Nun kam man auf die gloriose Idee, in die Kostenrechnung die ›Aufzuchtskosten‹ eines Menschen einzusetzen. Wie setzen Sie die Waisen und Krüppel in die Rechnung ein? Etwa mit dem Aufwand der Waisen- und Invalidenversicherung?

Der Begriff der Kosten muß dort versagen, wo es nicht mehr um materielle Güter geht. Der Begriff der Kosten setzt voraus, daß etwas in einer Geldmenge gemessen werden kann.

Wenn der Handel mit seinem Einkauf ein kriminelles Regime in Südamerika unterstützt, wie sollen dann die Leiden der betreffenden Bevölkerung gemessen werden? Wir müssen bei all diesen nicht-quantifizierbaren Nebenwirkungen unserer wirtschaftlichen Aktivität vom Kostenbegriff wegkommen und von ›sozialen Schäden‹ sprechen. Nun, wer entscheidet aber darüber, ob etwas ein Schaden sei oder nicht? Bleiben wir beim Beispiel Shopping-Center. Je nachdem auf welcher Seite man steht, kann die gleiche Erscheinung auf der Plus- oder der Minusseite der Sozialbilanz eingestuft werden:

+	–
Einkaufserlebnis	Konsumverführung
Alles unter einem Dach	Konsummaschinerie
Schaffung neuer Gemeinschaftszentren	Desintegration bestehender Gemeinschaften
Entlastung der Innenstädte	Zerstörung der Innenstädte
Schaffung neuer selbständiger Existenzen	Ruin bestehender selbständiger Existenzen
Verbesserung der Markttransparenz	Ruinöser Wettbewerb
Zeitersparnis	Verlust von Kommunikation
Rationalisierung des Verteilungsprozesses	Entmenschlichung des Handels

Es gibt für all diese quantitativen Auswirkungen tatsächlich keine objektiven Wertmaßstäbe, keine objektiven Kriterien. Ein Menschenleben wird in vielen Bereichen noch als heiliges Gut, also als absoluter Wert eingestuft. Der individuellen Mobilität aber, also dem Auto, opfern wir allein in der kleinen Schweiz 130 Kinder pro Jahr. Die Wertmaßstäbe können sich nur aus dem gesellschaftlichen Bewußtsein von Gut und Böse, von Recht und Unrecht ergeben.

Für den Handel ist die Frage, ob ein Shopping-Center gebaut werden soll oder nicht, eine Frage der Kalkulation, der Rentabilität, der möglichen Umsatzzunahme, der Gewinnerwartung. Wenn wir vom Begriff der sozialen Kosten ausgehen, sehen wir, daß erstens dieser Gewinn nur erzielt werden kann, wenn Kosten auf Dritte abgewälzt werden können, und daß zweitens eben gerade der Gewinn nicht mehr länger der Maßstab sein darf, der allein darüber entscheidet, wie die Strukturen unserer Wirtschaft und Gesellschaft verändert werden.

Unsere Haltung gegenüber Einkaufszentren darf nicht das Ergebnis kommerzieller Überlegungen sein, sondern muß von einem gesellschaftlichen Leitbild ausgehen.

Technik ist nicht wertfrei

Nach dem letzten Krieg war das Schlaraffenland greifbar geworden. Seit 1929 lebte unsere Gesellschaft in einer Phase zum Teil höchster materieller Not. Die Krise der dreißiger Jahre und die Nöte des Weltkrieges schienen nun aber endgültig überwunden. Das deutsche Wirtschaftswunder erbrachte scheinbar den Beweis, daß ungehemmte wirtschaftliche Freiheit zum Wohlstand für alle und damit zum Glück für alle führe. Alles wurde machbar. Die Phantasien von Jules Verne wurden Realität. Man war modern, der ›American way of live‹ wurde Ziel und Maß. ›Ex und hopp‹ wurde der Slogan einer Wegwerfwirt-

Artikel in der Festschrift ›Humanität und Technik‹ der Schweizerischen Technischen Zeitschrift vom 3. Mai 1979.

schaft, die keine Grenzen mehr kannte. Wir schwelgten in einem Überlegenheitsgefühl ohnegleichen. Die Technik verhieß uns ewiges Glück. Technik blieb nicht mehr Werkzeug des Menschen, sondern wurde Maßstab.

Erinnern Sie sich noch, welches der größte Schock für die westliche Welt war? Die Tatsache, daß die Sowjetunion vor den Vereinigten Staaten einen künstlichen Satelliten in den Weltraum geschickt hatte. Auch dieser Schock war zu überwinden; der Vorsprung war korrigierbar. Die USA mobilisierten wie im Krieg, man wollte als erster auf dem Mond sein. Es gelang; wozu, fragte kein Mensch, und wenn jemand fragte, so beschwichtigte man ihn mit den technologischen Errungenschaften für den Alltag, die sich in Teflonpfannen oder Solarzellen äußerten. Das Problem der Dritten Welt war überhaupt keines mehr. Wir boten unser Wirtschaftssystem und unsere Technologie als Geschenk dar. Symbole wurden Traktoren, Schwerindustrie und Atombomben. Auch in der Schweiz schien der Glaube an das technologische Glück grenzenlos. 77% der Schweizer stimmten im Jahre 1957 für die Atomkraft. Über die Nationalstraßen getraute man sich kaum zu diskutieren. Eine Diskussion entspann sich höchstens darüber, ob wirklich jede kleinste Gemeinde das Recht auf einen Autobahnanschluß habe. Wenn einer in dieser Euphorie die Frage gestellt hätte, weshalb wohl ausgerechnet der Nationalsozialismus die Idee der Autobahnen geboren hatte, wäre er wohl für unzurechnungsfähig erklärt worden. Kam denn niemand auf den Verdacht, daß solche technologischen Entwicklungen Spiegelbild oder vielleicht Warnsignale gesellschaftlicher Tendenzen sein könnten? Die Ideologie der ›Machbarkeit‹ verdrängte alle unguten Gedanken.

Technik wurde nicht nur zum Inbegriff von Fortschritt, sondern prägte auch die Wirtschaft. Die Frage nach dem Sinn stellte man nicht.

Und dann kam 1968; 1968 als totaler Schock für unsere Zukunftsgläubigkeit. Die Jugend, der Träger der machbaren Zukunft, rebellierte. Sie rebellierte nicht nur irgendwo; sie rebellierte überall auf der Welt. Und diese Jugend begann zu fragen, sie begann zu hinterfragen, sie stellte die Frage nach dem Sinn, und eine dieser Fragen war eben die, ob wir die Technik überhaupt noch beherrschten oder ob wir nicht Opfer ihrer Eigendynamik geworden seien.

Die Notwendigkeit, die Frage nach dem Sinn zu stellen, wurde um so offensichtlicher, je mehr sich die Technik selbst ad absurdum führte. Abgesehen von einigen gehetzten Managern hält beispielsweise wohl niemand mehr die Concorde für einen technischen Fortschritt. An der Entwicklung dieses Flugzeugs, von dem wir noch vor wenigen Jahren als ›Wundervogel‹ geschwärmt hatten, zeigt sich wohl die Sinnlosigkeit und die Eigendynamik der Technik am krassesten. Welche positiven Punkte können wir denn den negativen Auswirkungen, wie Überschallknall, Gefährdung der Ozonschicht, horrender Treibstoffverbrauch, unbequemes Reisen, gegenüberstellen als den Gewinn von einigen Stunden? Und dieser Gewinn hat keinen anderen Effekt, als daß unsere innere biologische Uhr noch mehr durcheinandergebracht wird. Oder führen uns denn nicht die wie die Pilze aus dem Boden schießenden Fitneß-Centers drastisch vor Augen, wie wir die Idee der Technik pervertiert haben? Die Technik soll dazu dienen, dem Menschen das Leben zu erleichtern und ihn vor schwerer körperlicher Arbeit zu befreien. Heute haben wir uns das Leben derart erleichtert und uns derart ›befreit‹, daß wir an der Erleichterung sterben. Herzinfarkt wegen mangelnder körperlicher Betätigung. Und dann bauen wir eben Fitneß-Centers. Wir fahren mit dem Auto dorthin, setzen uns im Keller auf ein unbewegliches Velo, benützen sonst all die neuesten technischen Errungenschaften in der modernen ›Folterkammer‹, die auf synthetischem Wege unsere Muskeln wieder in Bewegung bringen sollen, die wir dank der Technik haben verkümmern lassen, und nachher fahren wir mit dem Auto wieder nach Hause. Wenn man einmal von jenen trägen Geistern absieht, die offenbar bis heute noch nicht gemerkt haben, in welcher Problematik wir drinstecken, und die einfach weitermachen wollen wie bisher – sie sind offensichtlich vor allem in den Parlamenten und in den Amtsstuben beheimatet –, entwickelten sich mehr und mehr zwei klare Tendenzen, die sich immer stärker polarisieren. Die Vertreter der einen Tendenz, die wir die *›Durchbrecher‹* nennen, glauben, mit einer *›Flucht nach vorn‹* aus dem Schlamassel herauszufinden, indem alle Mittel der modernen Technologie noch verstärkt zum Einsatz gelangen. Sie suchen ihr Heil in der Technokratie. Das Gegenteil streben die sogenannten *›Umschwenker‹* oder *›Heimkehrer‹* an. Sie sind der Meinung, daß die heutige Großtechnologie mit den

Anforderungen des Menschen, der Natur, der Gesellschaft derart unvereinbar sei, daß nur eine völlige Neuorientierung im Bereich von Technik und Wirtschaft uns aus der Sackgasse führen könne.

Diese Technokraten der ›Durchbrecher‹-Konzeption verstehen ihre Aufgabe immer noch als naturüberwindend. Haben wir denn noch nicht gemerkt, daß wir immer die Verlierer sein werden, wenn wir unsere Zivilisation als gegen die Natur gerichtet, als naturüberwindend auffassen, statt daß wir eine Zivilisation entwickeln, die naturgerecht, naturverbunden, in der Natur eingebettet ist? Das ›Durchbrecher‹-Prinzip muß zur Zerstörung des Lebens, ja des Planeten überhaupt führen.
Wenn wir die Methoden der Durchbrecher betrachten, dann müssen wir uns wirklich fragen, welches denn in unserer Gesellschaft die Extremisten und Systemveränderer sind. Sind die Systemveränderer denn jene, die endlich eine menschliche, eine gerechte, eine demokratische Gesellschaft verwirklichen wollen, zu der wir uns ja schließlich bekennen – oder sind die Systemveränderer nicht jene Technokraten, die uns mit ihrer Großtechnologie, ihren zentralen Entscheidungsstrukturen, ihrer Vergewaltigung und Ausbeutung von Mensch, Natur und Nachwelt immer weiter von dem von uns angeblich erstrebten System entfernen?
Jede Technik ist unmenschlich, die dem Menschen die persönliche Entscheidungsfreiheit nimmt oder sie beeinträchtigt, aber auch eine Technik, die auf Kosten nicht erneuerbarer Ressourcen lebt und damit

unserer Nachwelt einen ›geplünderten Planeten‹ hinterläßt. Die ›Durchbrecher‹ haben wahrscheinlich nur deshalb praktisch noch immer freie Hand, weil für technologische Fehlentwicklungen nie jemand verantwortlich gemacht werden kann. Sie werden keinen Techniker finden, der die ›böse Idee‹ gehabt hat, noch einen Bankier, der die Realisation finanziert hat, noch einen Politiker, der die politische Unterstützung geliefert hat. Es wird immer der anonyme sogenannte Fortschritt, die sogenannte Rationalisierung, der sogenannte Zwang zur Effizienz sein, hinter dem man sich verschanzen kann. Es gibt zwar die seltenen Glücksfälle, wo entscheidende Techniker durch einen persönlichen Schock sich plötzlich bewußt geworden sind, an welch verheerenden Entwicklungen sie arbeiten, die dann die Kraft und Fähigkeit haben, sich zu entziehen; daß es seltene Ausnahmen sind, zeigt sich schon daran, daß man diese ›Oppenheimers‹ und ›Traubes‹ als Helden hochjubelt. Womit ich nicht sagen will, daß wir solche Helden nicht brauchten. Im Gegenteil: Jeder dieser Aussteiger ist in der Lage, durch die persönliche Betroffenheit seinen Kollegen und einer weiteren Öffentlichkeit falsche technische Entwicklungen vor Augen zu führen. Wir sollten viel intensiver über die Frage des Widerstandes gegen falsche Technologien diskutieren. Unter dem Aspekt des Widerstandes gegen Technologien, die unsere demokratische, rechtsstaatliche Struktur zerstören, erhalten dann vielleicht Aktionen wie Baulandbesetzungen eine ganz andere, viel höhere Legitimität, auch wenn sie sich an den Grenzen der Legalität bewegen. Die Frage, wie wir den

Widerstand organisieren, ist auch aus dem ganz einfachen Grunde wichtig, weil wir Wege finden müssen, um Technikern und Wissenschaftlern, die aussteigen wollen oder wegen ihres Engagements aussteigen müssen, die Existenz zu sichern. In Deutschland ist auf eine Anregung von Robert Jungk die Selbsthilfeorganisation ›Netzwerk‹ entstanden, die sich genau diesen Problemen widmen will. Die Erfahrungen dieser Organisation werden auch für uns von größter Bedeutung sein.

Die Frage nach dem Sinn einer Technik genügt meines Erachtens nicht. In dieser Frage schwingt irgendwie die Auffassung von einer wertfreien Technik noch mit: Technik an sich sei weder gut noch böse, es komme nur darauf an, was wir damit machen, heißt es, und diese Auffassung wird uns von den Technokraten am laufenden Band eingehämmert. Besonders im Zusammenhang mit der Dikussion um die Verkehrssicherheit hören wir doch immer wieder die Behauptung, das Auto sei weder gut noch böse, es komme nur darauf an, wie sich der Mensch verhalte. Der Spruch des menschlichen Versagens im Zusammenhang mit Verkehrsunfällen ist uns geläufig geworden. Das ist doch blanker Unsinn! Ein Verkehrsmittel, das jährlich 250 000 Menschen umbringt und Millionen Krüppel und Waisen hinterläßt, ist schlicht und einfach technisch dem Menschen nicht angepaßt. Haben wir denn derart jeden Maßstab verloren, daß wir glauben, der Mensch müsse sich neuen Technologien anpassen, statt daß wir als Vorbedingung jeder neuen Technologie fordern, daß sie dem Menschen

angepaßt sein müsse? Das verkehrsgerechte Kind oder der kindgerechte Verkehr? Die verkehrsgerechte Stadt oder der stadtgerechte Verkehr? usw. usf.
Das Auto ist eines der krassesten Beispiele technologischer Fehlentwicklungen, und es wirkt wie ein Hohn, wenn wir in diesem Zusammenhang die Behauptung wagen, eine bestimmte Technik sei weder gut noch böse. So wie heute wohl kein vernünftiger Mensch mehr wagt, die These von der Wertfreiheit der Wissenschaft aufrechtzuerhalten, so ehrlich müßten wir auch in bezug auf die Technik sein; es gibt also auch keine wertfreie Technik.
Aber es sind nicht nur einzelne Menschen – wie bei den Verkehrsopfern –, die von neuen technischen Erfindungen oder neuen technologischen Entwicklungen unmittelbar betroffen werden, es kann ja unsere ganze Gesellschaft sein, unsere Strukturen, unsere Umwelt, die von der Technik unmittelbar beeinflußt und verändert werden. Wenn die Entscheidungsträger in der Politik und Wirtschaft sich für außerstande erklären, an heutigen Entwicklungen etwas Grundlegendes zu ändern, berufen sie sich regelmäßig auf die sogenannten System- oder Sachzwänge. Dabei sind *sie* es, die durch neue Technologien diese System- und Sachzwänge schaffen. Nehmen wir als Beispiel das Großprojekt der totalen Fernwärmeversorgung in der Schweiz. Das Prinzip, Abwärme beispielsweise von Industrieanlagen für weitere Zwekke, wie Heizung, zu benutzen, ist selbstverständlich begrüßenswert und unter allen Aspekten sinnvoll. Wenn dann aber aus einem solchen Prinzip ein großtechnologisches Konzept entwickelt wird, das tau-

send Kilometer neue Rohrleitungen, Anschlußzwang für Hunderttausende von Haushaltungen, Abhängigkeit von zentralen Wärmeerzeugern usw. machen wird, dann schaffen wir genau solche Sachzwänge, die die Strukturen unserer Gesellschaft weiter erstarren lassen und die Entscheidungskompetenzen noch mehr zentralisieren.

Wenn man sich einmal bewußt geworden ist, daß technologische Entwicklungen unsere gesellschaftlichen Strukturen mehr tangieren können als alle sogenannten politischen Entscheidungen, dann muß man sich allerdings die Frage stellen, ob unsere Demokratie nicht schon längst durch die Technokratie abgelöst worden ist. Technologische Entwicklungen müssen strikte abgelehnt werden, wenn sie uns gesellschaftliches oder politisches Verhalten aufzwingen, über das wir nicht eigenständig haben entscheiden können. Wir müssen auch von der Politik her wieder lernen, technologische Entwicklungen in den Griff zu bekommen.

Hie und da hat man allerdings das Gefühl, auch in der Industrie wüchsen die Bedenken, die Technik selber nicht mehr im Griff zu haben. Dies zeigt sich beispielsweise im krampfhaften Bemühen, neue Bewertungskriterien für technologische Entscheide zu schaffen. Ich meine damit all jene Bestrebungen, die wir mit dem Begriff des ›Technology Assessment‹ umschreiben können. Selbstverständlich sind alle Versuche, neue Techniken umfassend zu evaluieren, zu begrüßen. Die Frage ist nur, wer denn nun diese Evaluation vornimmt und nach welchen Kriterien. Solange sie durch die Techniker selbst und die Manager

erfolgt, muß sie ja zum vornherein zum Scheitern verurteilt sein. Denn welche dieser beurteilenden Personen verfügt über die Fähigkeiten zum vernetzten Denken, nachdem er sein Leben lang einer Ursache/Wirkung-Logik verhaftet war? Und welcher dieser Beurteiler ist denn in der Lage, einmal das Prinzip der Rationalität über den Haufen zu werfen und eine Technik unter emotionalen Aspekten zu überprüfen? Und wenn wir über Menschen und Technik sprechen, dann darf gerade dieser Aspekt nicht vernachlässigt werden, auch wenn man Gefahr läuft, bei einem Technokraten nur ein mitleidiges Lächeln zu bewirken. Auch ein Technokrat oder Manager sollte sich einmal Gedanken darüber machen, wie sehr unser ganzes Gefühlsleben durch die Technik kastriert worden ist. Ist es nicht bezeichnend, daß die ganze Anti-AKW-Bewegung besonders bei allen Menschen mit künstlerischen Berufen und Begabungen und schöpferischen, das heißt emotionalen Fähigkeiten, auf besonderes Echo gestoßen ist? Hunderte von Malern, Bildhauern, Schriftstellern usw. haben sich allein in der Schweiz in den Dienst jener gestellt, die statt einer großtechnologischen, zentralisierten Energieversorgung menschen- und naturgerechte Lösungen forderten. Kennen Sie einen einzigen Künstler, der sich in den Dienst der Atomwirtschaft gestellt hätte?
Es stellt sich die Frage, ob eine Hauptschuld an der heutigen Fehlentwicklung nicht bei den Hochschulen liegt. Denn dort werden schließlich die jungen Leute auf die Ideologie der Machbarkeit getrimmt. Dort glaubt man noch immer, daß Vermittlung von

Fachwissen das Entscheidende sei und nicht die Fähigkeit zum ganzheitlichen Denken, zum vernetzten Beurteilen. Dort züchtet man nach wie vor die ›Fachidioten‹, einseitig intellektuell gefördert, politisch naiv, im Grunde genommen inhuman. Noch immer weigern sich die Hochschulen einzusehen, daß sich die Technik gesellschaftlichen Leitbildern unterzuordnen hätte. Krasser als bei der Energiediskussion hätte das wohl kaum zum Ausdruck gebracht werden können. Wenn wir uns die Frage stellen, wieviel Energie wir benötigen beziehungsweise produzieren wollen und wie diese Energie hergestellt und verteilt werden soll, dann ist dies primär keine technische Frage, sondern vor allem eine Frage, wie wir uns unsere Gesellschaft vorstellen. Das Primäre ist das gesellschaftliche Leitbild. Für die Hochschule ist die Frage der Energie nach wie vor ausschließlich eine technologische Angelegenheit. Wenn einer die gesellschaftspolitische Frage auch nur antönt, gilt er als Linker und ist unerwünscht. Wenn sich schon die Hochschulen weigern, den Wissenschaftlern und Technikern der kommenden Generation beizubringen, daß jede technologische Entwicklung die Frage nach dem Sinn und dem Wert an den Anfang zu stellen habe, wer soll dann diese Aufgabe übernehmen? Wer oder was entscheidet denn eigentlich über technologische Entwicklungen? Einerseits ist es sicher die Eigendynamik der Technik selbst. Anderseits sind es der Staat und die Wirtschaft. Beim Staat sind es leider vorrangig die Rüstung oder vielleicht gar reine Prestigegründe wie bei der Mondlandung, die ihn veranlassen, technologische Entwicklungen zu initiieren und zu finanzieren. Die wichtigsten technologischen Entwicklungen erfolgen jedoch eindeutig im Auftrag der Wirtschaft und hier wegen der notwendigen Investitionen, vor allem im Auftrag der Großkonzerne. Diese Abhängigkeit der Technik von der Wirtschaft, beziehungsweise den Großkonzernen, muß an sich noch nicht negativ sein. Problematisch wird es erst dann, wenn wir uns vergegenwärtigen, welche Faktoren darüber entscheiden, ob eine bestimmte technologische Entwicklung effektiv realisiert werden soll oder nicht. Denn der entscheidende Steuerungsfaktor in der Wirtschaft ist und bleibt der Gewinn. Die Möglichkeit, Gewinn zu erzielen, entscheidet also auch darüber, welche Technik zur Anwendung gelangt. Da die Technik ihrerseits aber wieder über die menschliche Existenz, unsere Strukturen, ja unsere Gesellschaft entscheidet, ist es dann eben auch der Gewinn, der letzten Endes über unsere Zukunft entscheidet. Darf das denn noch länger so sein?

Auch wenn wir von der – allerdings illusorischen – Annahme ausgehen, daß die politischen Instanzen – Parlamente und Regierungen – bereit wären, die Kompetenz für technologische Entwicklungen zu beanspruchen, und wenn wir von der – ebenso illusorischen – Voraussetzung ausgehen, daß die politischen Entwicklungsträger über die intellektuellen Fähigkeiten verfügten, technologische Entwicklungen unter ganzheitlichen und gesellschaftlichen Aspekten beurteilen zu können, dann würde diese Absicht trotzdem scheitern, und zwar einzig und allein am Informationsmonopol der Wirtschaft über die von ihr entwickelte oder angewandte Technik. Die Technik und die Entscheide über technologische Entwicklungen dürfen nicht mehr länger dem Staat und der Wirtschaft überlassen bleiben. Technology Assessment hat von gesellschaftlichen Kriterien auszugehen. Entscheidungsprozesse sind transparent zu machen. Wie man uns in die Atom-Einbahnstraße hineinmanövriert hat, sollte uns Warnung für alle Zeiten sein. Ich werfe hier bewußt das Schockwort der Investitionslenkung in die Diskussion. Dürfen wir die Planung der Milliardeninvestition weiterhin der Wirtschaft überlassen, deren entscheidendes Kriterium die Gewinnerzielung ist, oder sollten wir nicht endlich neue Rahmenbedingungen für unsere Marktwirtschaft schaffen, zum Beispiel mit dem Mittel der Investitionslenkung? Sind denn nicht ausschließlich wir alle legitimiert, gemeinsam zu entscheiden, in welche Richtung wir uns weiterentwickeln wollen, oder sollen es denn weiterhin die Manager sein, die heute in alleiniger und usurpierter Kompetenz die Investitionen lenken? Immer und überall: Die einzige Möglichkeit, aus negativen Entwicklungen herauszukommen, liegt in der Demokratisierung aller unserer Lebensbereiche, vor allem aber der Wirtschaft. Und hier dürfen wir zuversichtlich sein. Wenn wir die vielen Volksabstimmungen der letzten Jahre, die zwar negativ ausgefallen sind, unter diesem Aspekt betrachten, so stellen wir doch einen eindrücklichen Bewußtseinsprozeß beim Volk fest. Bei allen diesen Volksabstimmungen ging es letzten Endes um die Emanzipation des Volkes gegenüber den totalitären Ansprüchen der Wirtschaft und der Technik.

Entwickeln wir doch endlich unsere gesellschaftlichen Leitbilder! Schaffen wir die notwendigen Freiräume! Fördern wir das interdisziplinäre Arbeiten an den Hochschulen! Verlangen wir doch von den Hochschulen eine neue, menschengerechte Definition ihres Ausbildungsauftrages! Bestimmen wir doch endlich jene Faktoren, die den Gewinn als Steuerungsfaktor ergänzen oder ersetzen sollten!

Vorwärts in die nachindustrielle Zeit

Das moderne Monopoly des ›Wirtschaftsspiels‹ oder ›Unternehmensspiels‹ gaukelt uns eine heile Welt vor, die nur noch in den Computerprogrammen existiert. In Wirklichkeit gibt es doch kaum jemanden mehr, der nicht spüren würde, daß mit unserer Wirtschaft Grundlegendes nicht mehr stimmt. Wir erleben die unserer Wirtschaft innewohnenden Widersprüche tagtäglich an uns selber. Es ist nicht Zuversicht, sondern Unbehagen, das unser Verhältnis zur heutigen Wirtschaft prägt. Es könnte ein sehr positives Unbehagen sein. Es könnte ein wegweisendes Unbehagen sein. Es könnte ein optimistisches Unbehagen sein. Denn wir befinden uns tatsächlich heute an einer Schwelle. Wir befinden uns an der Schwelle zwischen einer Zeit, die ihren Auftrag quasi erfüllt hat, und einer Zeit, die nach neuen Zielen, nach neuen Idealen,

Der Originaltitel lautete: ›Die Herausforderung der nachindustriellen Zeit‹. Vortrag gehalten anläßlich der Tagung des Schweizerischen Ingenieur- und Architekten-Vereins über ›Bauwirtschaft Heute und Morgen‹ in Engelberg, 26./27. Januar 1978.

nach neuen Aufgaben, nach neuen Strukturen sucht. Wir befinden uns an der Schwelle zum nachindustriellen Zeitalter oder, wie es heute häufiger genannt wird, zur nachmodernen Zeit.
Und ich sage das aus voller Überzeugung, daß die vergangene Zeit beziehungsweise die Gesellschaft und die Wirtschaft der vergangenen Zeit ihren Auftrag erfüllt hat. Dieser Auftrag lautete: Die materielle Existenz des Menschen sicherzustellen. Dieses Ziel haben wir erreicht. Wenn auch nur im Gesamten und nicht im Individuellen.

– Es ist kein Problem mehr, die materielle Basis der Bevölkerung in unseren Industrienationen sicherzustellen. Wir machen ein Problem daraus, der ›Überernährung‹ Herr zu werden.
– Es ist kein Problem mehr, genügend Lebensmittel zu produzieren. Wir machen ein Problem daraus, landwirtschaftliche Überschüsse zu verhindern oder gar zu vernichten.
– Es ist kein Problem mehr, eine genügende Industriekapazität bereitzustellen. Wir machen ein Problem daraus, die Überkapazität der Industrie zu nützen.
– Es ist kein Problem mehr, den materiellen Bedürfnissen der Bevölkerung gerecht zu werden. Wir machen ein Problem daraus, immer neue materielle Bedürfnisse zu wecken, um die Wirtschaft in Gang zu halten.

Sehen Sie: Der Auftrag ist erfüllt. Und jetzt? In dieser Frage liegt meines Erachtens die ganze Problematik des Unbehagens um die heutige Wirtschaft. In dieser Frage kommt unsere Schwellensituation zum Ausdruck.

Viele, die sich unserer heutigen Gesellschaft gegenüber kritisch verhalten, glauben, die Vergangenheit sei besser gewesen, und geben sich einer verklärenden Nostalgie hin. Nur das nicht! Wir wollen doch gar nicht zurück und dürfen
- nicht zurück in eine Zeit der Kinderarbeit,
- nicht zurück in eine Zeit der 72- und 78-Stunden-Woche,
- nicht zurück in eine Zeit der Heimarbeit mit ihrem Ausgeliefertsein an den Dorftyrannen,
- nicht zurück in eine Zeit der Pestseuchen,
- nicht zurück in die Zeit der Säuglingssterblichkeit,
- nicht zurück in die Zeit der kurzen Lebensdauer,
- nicht zurück in die Zeit des ungesicherten Alters,
- nicht zurück in die Zeit der Hungersnöte,

usw. usw.

Wir müssen und dürfen gar nicht zurück. Wir müssen gar nicht nach der Antithese zum Heute suchen. Wir haben die einmalige Chance, daß unsere Aufgabe darin besteht, die Synthese zu suchen zwischen dem, was wir heute nostalgisch als frühere Lebensqualität bezeichnen und dem, was uns das industrielle Zeitalter an materieller Sicherheit und materiellem Wohlstand beschert hat.

Wenn wir uns einmal dieser Chance einer Synthese bewußt geworden sind, ist das weitere Vorgehen einfach. Die Errungenschaften unseres Systems haben wir erwähnt. Der nächste Schritt wäre somit, eine Liste derjenigen Probleme aufzustellen, die durch dieses Streben nach Wohlstand entstanden sind, die wir erst heute erkannt haben oder deren Priorität bisher hinter der Maximierung des Wohlstandes zurückgestanden hat. Versuchen wir einmal, einige dieser neu entstandenen oder bisher nicht erkannten oder bisher zweitrangigen Probleme aufzuzeigen. Es ist ja völlig undenkbar, daß ich Ihnen jetzt hier eine Gesamtanalyse unserer Gesellschaft und unserer Wirtschaft präsentiere. Es geht mir darum, Sie dafür zu sensibilisieren, worin diese Probleme denn eigentlich bestehen könnten.

Problem Nr. 1: Wir haben die Aufgabe der Maximierung des materiellen Wohlstandes nur als Gesamtgröße gelöst. Das Problem von reich und arm beziehungsweise reich und nicht-reich ist geblieben beziehungsweise verstärkt sich von Tag zu Tag. Die Diskrepanz zwischen reich und nicht-reich wird von Tag zu Tag größer, und zwar nicht nur zwischen den einzelnen Individuen, sondern auch zwischen einzelnen Regionen eines Landes und erst recht weltweit zwischen den Industrienationen und den sogenannten Entwicklungsländern. Wir waren bisher nicht in der Lage, das Verteilungsproblem des Wohlstandes zu lösen.

Problem Nr. 2: Stichwort Umweltschutz. Braucht es hierzu weitere Erläuterungen? Es geht um die simple Einsicht, daß wir allmählich mit der weiteren Steigerung des Wohlstandes mehr zerstören, als wir schaffen. Wir zerstören Unwiederbringliches. Wir zerstören einerseits die Natur, und zwar nicht nur einzelne Tiere, einzelne Pflanzen, einzelne Gebiete usw., sondern eben ganze biologische Abläufe und Kreisläufe und ganze ökologische Systeme. Wir zerstören anderseits organisch gewachsene soziale Strukturen.

Ein drittes Problem ist die Tatsache der fortschreitenden Vermögenskonzentration. In der BRD verfügen heute 3% der Haushalte über 75% des Produktivvermögens (ich kenne keine Schweizer Zahlen; sie dürften ähnlich liegen. Auf alle Fälle ist der Trend in der Schweiz derselbe). Und Vermögen bedeutet in unserer Gesellschaft eben wirtschaftliche und politische Macht. An dieser Tatsache ändern auch die unzähligen Modelle für die Vermögensbildung der Unselbständig-Erwerbenden nichts.

Ein viertes Problem ist die Konzentration in der Wirtschaft, die in rasendem Tempo weitergeht, obschon jedermann betont, daß eine weitere wirtschaftliche Konzentration an sich schon negativ, ja böse sei. Man rechnet damit, daß in wenigen Jahren nur noch 300 Unternehmen über 75% des privatwirtschaftlichen Bereichs des Westens verfügen werden.

Als fünftes Problem erwähnte ich etwas, was man zu verdrängen scheint: Ein Unternehmen, das von der Kapitalsubstanz lebt, ist innert kürzester Zeit pleite. Unsere Industriegesellschaft macht aber das gleiche. Wir leben als Wirtschaft vom Kapital und nicht vom Einkommen, vor allem was unsere Rohstoffe angeht.

Das sechste Problem, das wir zu lösen offenbar nicht fähig sind, ist die Neuverteilung des verfügbaren Arbeitsvolumens. Wir müssen uns bewußt sein, daß wir vor einer neuen technologischen Revolution stehen. Die ganze Halbleitertechnik wird Arbeitskräfte freisetzen in einem Ausmaß, das wir uns noch gar nicht richtig ausmalen können. Die Befreiung des Menschen von der Muß-Arbeit wäre ja großartig. Aber gleichzeitig versuchen wir krampfhaft, durch die Ankurbelung eines unsinnigen Zusatzkonsums, neue Muß-Arbeit zu schaffen. Wir arbeiten nicht mehr, um leben zu können, sondern wir müssen unser Leben so gestalten, daß wir genügend Arbeit haben. Widersinniger geht es wohl nicht mehr. Eine Lösungsmöglichkeit wäre wahrscheinlich die individuelle Arbeitszeit. Ich habe dies bei Stellenbewerbungen im Institut oft erlebt, daß die Jungen nicht mehr fragen: Wieviel verdiene ich?, sondern sagen: Ich brauche für meine Existenz beispielsweise Fr. 1800,– im Monat; wie lange muß ich bei Ihnen dafür arbeiten? Aber in Bern ist – nach den Aussagen des bisherigen Vorstehers des Volkswirtschaftsdepartementes[1] – die individuelle Arbeitszeit als Lösungsansatz für das Problem der Arbeitslosigkeit noch nicht einmal als Idee ›in den Raum gestellt worden‹ – wie man so schön sagt.

Ein siebentes Problem hängt mit dem Arbeitsbereich zusammen. Noch nie sind die Menschen so gut, so lange, so intensiv ausgebildet worden wie heute. Was nützt das schließlich, wenn anderseits die Arbeit immer eintöniger, einseitiger, sinnentleerter wird?

[1] Wirtschaftsminister.

Das achte Problem sollte uns schon längst keine Ruhe mehr lassen: Das ist die Auflösung aller sozialen Gemeinschaften und damit der sozialen Bezüge des einzelnen Menschen. Wir haben in der Schweiz 230 000 Depressivkranke. Die meisten dieser Erkrankungen sind zurückzuführen auf Gefühle der Ohnmacht, des Ausgeliefertseins, der Sinnlosigkeit oder letzten Endes der Einsamkeit.

Und damit komme ich zum neunten und wohl entscheidendsten Problem: Die theoretische Annahme unseres Systems, daß die Maximierung des materiellen Wohlstandes identisch sei mit dem menschlichen Glück, hat sich als falsch erwiesen. Die Sozialindikatoren, die über den Zustand unserer Gesellschaft Auskunft geben könnten, entwickeln sich negativ.

Weil ich diese und ähnliche Probleme aufzeige, versuchen gewisse Wirtschaftskreise, mich als ›Linksextremisten‹ abzustempeln. Grotesker geht es wohl nicht mehr. Kein einziges der Probleme, die ich Ihnen hier aufgezeigt habe, hat ideologischen Hintergrund. Sondern es sind Probleme, die wir uns selbst geschaffen haben. Wir müssen diese Probleme bewältigen, weil wir sonst die Errungenschaften, auf die wir zu Recht stolz sind, gefährden oder sie zur Farce machen, weil der Preis für diese Errungenschaften viel zu hoch ist. Ich möchte diese Probleme nicht einmal als Kritik am bestehenden System aufgefaßt wissen, sondern eben als Herausforderung der nachindustriellen, der nachmodernen Zeit. Ohne die positiven materiellen Resultate des Industriezeitalters zu gefährden, müssen wir Maßnahmen entwickeln, anwenden und Strukturen schaffen,

- die der weiteren Zerstörung der Natur und organisch gewachsener Strukturen nicht nur Einhalt gebieten, sondern die die Schäden des Industriezeitalters beheben;
- die eine gerechte Verteilung des Wohlstandes sicherstellen;
- die das Volksvermögen so aufteilen, daß Demokratie überhaupt geschehen kann;
- die die weitere Konzentration der Wirtschaft nicht nur stoppen, sondern eine Dezentralisierung einleiten;
- die die Wirtschaft ›zwingen‹, ressourcenmäßig vom Einkommen statt vom Kapital zu leben;
- die bei der Organisation der Arbeitswelt von den Bedürfnissen des Menschen ausgehen;

  usw. usf.

Ich höre mit der Aufzählung hier auf, nicht weil ich die Liste nicht noch beliebig länger fortsetzen könnte, sondern aus einem ganz anderen Grund. Bereits bei der Zusammenstellung des Problemkataloges und des entsprechenden Forderungskataloges an die kommende Gesellschaft hatte ich etwas Mühe, weil ich eigentlich etwas ganz anderes möchte. Ich will, daß man sich diese Probleme nicht ›vorführen‹ läßt, sondern daß jeder für sich selbst versucht, sein persönliches Unbehagen zu formulieren. Ich muß dies näher erläutern: Man wirft mir gelegentlich vor, ich sei negativ. Das Gegenteil ist der Fall. Ich bin nur dort negativ, wo es gilt, negative Entwicklungen abzuwenden oder zu verhindern. Ich sage dem: Ja sagen zu einem positiven Nein. Ja sagen, wenn es ums Erhalten geht, und das Erhalten ist eben sehr oft ein Nein. Sobald es jedoch um das Gestalten geht, also um die positive Veränderung, erwartet man von mir Rezepte. Genau so darf es eben nicht sein! Ich schüttle jeweilen nur den Kopf, wenn mich das Vorstandsmitglied eines Autokonzerns fragt, ob im Langzeitauto wohl die Lösung des Autoproblems liege, oder wenn ein Lehrer fragt, ob nun die Gesamtschule wohl ein gangbarer Weg sei, oder wenn ein Generalunternehmer fragt, ob man das Quartier XY nicht besser wieder schleifen sollte. Im Unbehagen, das uns unsere Schwellensituation verursacht, warten wir auf den, der uns die Lösung zeigt. Aber wir brauchen doch keine neuen Propheten, die zeigen, wo es durchgehen soll und wie unsere Gesellschaft aussehen soll. Die letzten Propheten – Hitler, Stalin, Mussolini und wie sie alle hießen – sind noch lange nicht tot. Wenn wir uns einmal bewußt geworden sind, an welcher Schwelle wir heute stehen, dann sollten wir uns in einem zweiten Schritt bewußt werden, welch ungeheure Chance in dieser Erkenntnis liegen würde, nämlich die Chance, nun endlich einmal *gemeinsam* zu einem neuen Selbstverständnis unserer Gesellschaft, zu neuen Wertvorstellungen für unsere Wirtschaft, zu einem neuen Konsens über menschen- und umweltgerechte Strukturen zu kommen.

Der erste Schritt, den wir heute tun müssen, besteht schlicht und einfach einmal darin, die Voraussetzungen zu schaffen, damit diese Auseinandersetzungen, dieses Suchen nach einem neuen Konsens überhaupt stattfinden können. Wir müßten hier und jetzt alles abzubauen beginnen, was diese Auseinandersetzung und damit dieses gemeinsame Suchen behindert oder gar verunmöglicht. Wir müßten bereit sein,

- Tabus in Frage zu stellen
- heilige Kühe zu entmystifizieren
- Entscheidungsabläufe aufzudecken
- politische und wirtschaftliche Zusammenhänge wirklich transparent zu machen
- hemmende, also fremde Macht jeder Art abzubauen
- soziale Experimente auf allen Gebieten zu fördern, ja zu forcieren
- Außenseiter, Nonkonformisten als die wichtigsten Impulsgeber und Ideenspender anzuerkennen und zu fördern.

Es gibt Leute, die solche Selbstverständlichkeiten bereits als subversiv bezeichnen, Leute, die solche elementarsten Voraussetzungen bereits als Systemveränderung verteufeln. Es braucht keine Systemveränderungen, um diese Voraussetzungen zu schaffen. Es braucht gar nichts anderes, als daß diejenigen, die heute in unserer Gesellschaft und Wirtschaft das Sagen haben, ihre Macht nicht dafür einsetzen, jedes Infragestellen, jede Grundsatzdiskussion zu unterbinden. Wenn diejenigen, die heute das Sagen haben, ihre Aufgabe darin sehen, mit allen Mitteln der ihnen zur Verfügung stehenden Macht zu verhindern, daß sie selbst und die durch sie verkörperten Strukturen in Frage gestellt werden und damit ein gemeinsames Suchen nach dem Neuen verunmöglichen, dann gelingt uns dieser Schritt über die Schwelle nicht, und wir landen wieder im Totalitarismus, sei er nun rot, braun oder eben grau – der Farbe des Computers, des Betons, der Bürohäuser, der Autobahnen, der Atomkraftwerke. Es braucht Toleranz, Mut zur Auseinandersetzung, Bereitschaft, auch den Untergebenen, den Abhängigen als gleichberechtigten, mündigen Mitmenschen zu akzeptieren – das ist alles. Ist das so viel, daß es uns nicht gelingt?

Der Totalitätsanspruch der Wirtschaft

Das Neueste, das man auf dem Markt kaufen kann, ist ein privater Lügendetektor, ein kleines Gerät, das man, unbemerkt für den Gesprächspartner, ans Telephon anschließen und so herausfinden kann, ob die Stimme am andern Ende der Leitung lügt oder nicht. Es ist ein Kleinstcomputer, der die unhörbaren Mikroschwankungen in der Stimme beurteilt. Lügt ein Mensch, leuchten am Gerät rote Lichter auf; bei grün sagt der Partner die Wahrheit.

›Ausgezeichnet‹, mögen Sie sagen, ›jetzt weiß ich wenigstens immer, woran ich bin. Das Gerät hat ja nur derjenige zu fürchten, der nicht die Wahrheit sagt.‹ Mich friert es beim Gedanken an dieses Gerät. Hat ein solches Gespräch noch etwas mit einer zwischenmenschlichen, mit einer mitmenschlichen Beziehung

Aus einem Artikel in ›Schritte ins Offene‹, Nr. 3/1978 und aus einer Ansprache anläßlich des Reformationssonntags in der Evangelisch-reformierten Kirchgemeinde Locarno und Umgebung, Originaltitel ›Reformation 1978‹, vom 5. November 1978.

zu tun? Wie sieht es in einem Menschen aus, der bei jedem Gespräch immer zuerst von der Voraussetzung ausgeht, der andere lüge vielleicht? Mich friert es deshalb, weil diese Einstellung dem sogenannten Mitmenschen gegenüber eben schon längst zur Selbstverständlichkeit geworden ist, und zwar – das ist das Schlimmste daran – ohne daß wir es gemerkt haben. Nicht nur auf dem Gebiet des Lügens, des persönlichen privaten Mißtrauens. Das ganze menschliche Zusammenleben im Rahmen eines Staates, das durch eine Rechtsordnung geregelt wird, ist von diesem Mißtrauen geprägt. Noch vor kurzem ging man doch davon aus, daß der einzelne Bürger ein ehrbarer Mensch sei, daß er sich an die gemeinsamen Normen halte. Das Vergehen, das Verbrechen, der Verstoß gegen Normen wurde als Ausnahme, als Entgleisung, eben als ein ›Sich-Vergehen‹ betrachtet. Wenn Sie heute in einen Supermarkt oder in ein Warenhaus hineingehen, sind Sie ein Dieb. Vielleicht müssen Sie am Eingang bereits Ihre Tasche abgeben, weil man annimmt, daß Sie stehlen könnten. Auf alle Fälle werden Sie während Ihres ganzen Einkaufs von Fernsehkameras und Detektiven überwacht. Sie sind ein Dieb, man will Sie erwischen! Das gleiche im Straßenverkehr: Radarfallen, Polizeikontrollen, Funkstreifen – jeder Automobilist ist ein möglicher Verbrecher; man muß ihn erwischen. Millionen Menschen sind in Deutschland im Computer als mögliche Terroristen erfaßt. Wie viele es bei uns sind, weiß man nicht; man weiß, daß es im Cincera[1]-Computer Hun-

[1] Cincera: Werbeberater, der – finanziert von reaktionären Wirtschaftskreisen – die Rolle eines schweizerischen McCarthy spielt

derte, wenn nicht Tausende sind, die primär als Verbrecher gegen den Staat und unsere Gesellschaft gelten.
Man wollte uns mit einer Busipo – einer Bundessicherheitspolizei – in den Griff kriegen, weil es bei uns scheinbar von Verbrechern wimmelt. Wir brauchen neue Zentralregister und -computer, um die Kontrolle verbessern zu können. In den Großunternehmen ist es bereits so weit, daß jedes einzelne Telephon jedes Mitarbeiters von Computern registriert wird. Es läßt sich jederzeit nachweisen, ob ein Mitarbeiter Kontakt zu einer mißliebigen Person oder Stelle hat. Merken wir denn nicht, wohin uns diese Entwicklung führt? Und zwar je länger, je schneller. Was heißt denn das für den einzelnen Menschen, numeriert, registriert, kontrolliert, ›greifbar‹, ›erfaßbar‹ zu sein? Ist das nicht bereits ein wesentlicher Teil jenes Totalitarismus, gegen den wir im Zweiten Weltkrieg mobilisiert hatten und gegen den wir auch heute angeblich unsere Armee unterhalten und immer noch mehr aufrüsten müssen? Ist das nicht bereits ein wesentlicher Teil jenes Polizeistaates, an dessen Ende die Horrorvision des total überwachenden und total überwachten Atomstaates steht?

Es gibt noch einen anderen Totalitarismus, der ebenso bedrohlich ist.

und Dossiers und Dokumentationen über alle Schweizerbürger anlegt, die nicht auf der Linie dieser reaktionären Kreise liegen. Die Wirkung Cinceras entspricht den deutschen Radikalenerlassen und Berufsverboten.

– ›Sie sind krank!‹ wird Ihnen pausenlos eingehämmert. Schon im Kindergarten müssen die Kinder Fluor einnehmen, weil die Zähne krank, der Körper vom Zucker vergiftet ist. Aufputschmittel, Schmerzmittel, Schlafmittel, Verdauungsmittel – du bist krank, du brauchst uns, die pharmazeutische Industrie, wir sagen dir, was du zu tun hast.
– ›Sie sind überlastet!‹ wird der Hausfrau pausenlos eingehämmert. Kauf Haushaltgeräte, -maschinen, -apparate! Kauf Fertigprodukte, Konservenbüchsen, Tiefkühlwaren, Trockenprodukte. Du bist überlastet! Du brauchst uns! Wir nehmen dir die Arbeit ab! Wir sagen dir, was du zu tun hast!
– ›Du machst dich schuldig an deinen Kindern!‹ wird der Mutter pausenlos eingehämmert. Hast du den nahrhaftesten Brei? Hast du die hygienischste Wäsche? Hast du die passendsten Kleider? Hast du die richtigen Spielsachen?
  Mach dich nicht schuldig an deinen Kindern! Wir sagen dir, was du zu tun hast!

Weitere Beispiele? Öffnen Sie die Zeitungen! Gehen Sie in den nächsten Supermarkt! Schauen Sie ins nächste Schaufenster! Schalten Sie den Fernseher ein!
Dieser Anspruch einer sich immer rasender gebärdenden Wirtschaft, darüber zu befinden, was uns gut tut und was nicht, wie wir unsere Kinder erziehen sollen und wie nicht, geht ja noch viel weiter. Die multinationalen Gesellschaften beispielsweise erklären heute ganz offen, über die künftige Gestaltung der Ordnung in unserer Welt zu verfügen. Die Wirt-

schaft entscheidet auch in der Schweiz über das politische System. Nicht nur über das System ganz allgemein, sondern darüber, was wir – jeder einzelne, der von dieser Wirtschaft abhängig ist – sagen und tun dürfen und was nicht. Wo sind denn unsere verbrieften Freiheitsrechte geblieben? Redefreiheit? Koalitionsfreiheit? Versammlungsfreiheit? Entlassungen aus politischen Gründen sind an der Tagesordnung. Entlassungen, weil einer gesagt hat, was er gedacht hat, sind Selbstverständlichkeiten. Ist das alles nicht totalitär?

Müssen wir uns nicht gegen eine Wirtschaft wehren, ›die alle gesellschaftlichen und persönlichen Lebensbereiche für sich beansprucht und eine Autonomie der Einzelbereiche (z. B. Erziehung, Wissenschaft, Religion, Kunst) sowie einen wirtschaftsfreien Bereich des Einzelnen nicht anerkennt‹; wir wehren uns gegen eine Wirtschaft, ›in der die gesamte Gewalt in der Hand einer Machtgruppe liegt, die kraft ihres Totalitätsanspruchs das gesamte politische, soziale, wirtschaftliche und kulturelle Leben reguliert und reglementiert. Ihr Eingriff nimmt die Form der ‚Gleichschaltung' oder ‚Ausrichtung' an. Der Ausschließlichkeitsanspruch umfaßt auch die Verpflichtung auf die eigene Ideologie, die Beseitigung jeder ... Opposition als ‚wirtschaftsfeindlicher' Bestrebung und jeder Kritik als ‚Sabotage' oder ‚Zersetzung'‹.

Ich habe dem dtv-Lexikon die Definition des ›Totalitären Staates‹ entnommen und den Begriff ›Staat‹ durch ›Wirtschaft‹ ersetzt. Wir sollten uns endlich einmal bewußt werden, wie groß die Gefahr eines neuen Totalitarismus ist, eines Totalitarismus, der sich nicht in der Form eines neuen Hitler oder Stalin manifestieren läßt, sondern das Resultat einer wirtschaftlichen und technologischen Entwicklung sein wird. Einer Entwicklung, die sich aus dem Anspruch der Wirtschaft ergibt, die gültigen Normen zu setzen und die Menschen nach diesen Werten ›managen‹ zu können und zu müssen.

Das Schlimmste ist, daß die meisten von uns diese ganze Entwicklung kaum realisieren. Daß sich so viele so reibungslos einordnen, ist offensichtlich das Ergebnis eines Ablaufs, der uns von der ersten Stunde unseres Lebens an auf die Maßstäbe unseres Systems konditioniert.

Gehen Sie doch wieder einmal in die Säuglingsabteilung eines unserer traditionellen Spitäler! Friert es Sie nicht beim Anblick dieser Säuglingsbatterien hinter Glas, schalldicht, steril (sogenannt hygienisch), künstlich beleuchtet, künstlich belüftet, Fütterung nach Spitaluhr und nicht nach Hunger und Durst, Saubermachen nach Norm und nicht nach Physiologie, Mutterkontakt nach Fahrplan und nicht nach Liebe? Kommen Ihnen dabei auch Hühnerbatterien in den Sinn, oder Wohnblöcke, oder Fließbänder, oder Supermarktkassen, oder Autokolonnen, oder Hilton-Hotels, oder Ferienhauskolonien, oder Büchsenkonserven im Gestell, oder ›chemisches‹ Obst nach Güteklassen?

Und wenn Sie sich am Start eines solchen Menschenlebens sattgesehen haben, gehen Sie doch wieder einmal in einen der traditionellen Kindergärten und schauen sich die Pantöffelchen in Reih und Glied an, oder wie der Hansli in der ›bösen Ecke‹ stehen muß, weil die Hände nicht sauber waren, oder wie das Vreneli sein tägliches Fluortablettchen als Belohnung erst dann erhält, wenn auch es die Händchen auf dem Rücken ruhig hält. Kommt Ihnen dabei vielleicht das Fernsehen in den Sinn, das tagtäglich Hunderttausenden von Zuschauern die gleichen Nachrichten, die gleiche Kultur, die gleiche Meinungsbildung, die gleiche Unterhaltung eintrichtert, oder Zeitungen mit Hunderttausenden von Exemplaren oder Bestsellerlisten oder Hitparaden? Kommen nicht nach dem Kindergarten die Schule, die Lehre, das Studium, die Hauswirtschaftskurse, die Rekrutenschule? Werden wir denn hier zu kritischen, genügsamen, selbstsicheren Menschen erzogen, die fähig sind, nach christlichen Grundsätzen zu leben, das heißt lieb zu sein, Vertrauen zu haben, rücksichtsvoll zu sein, die Schöpfung zu respektieren? Oder dienen nicht alle diese Institutionen eben letztlich nichts anderem, als uns endgültig einzupassen in ein normiertes, quantifiziertes, uniformiertes Verhalten, in Durchschnittsein, Diszipliniertsein, Eingeordnetsein? Und hat uns inzwischen die Werbung nicht schon längst in den Griff bekommen? Hat sie uns nicht schon längst auf jene verlogenen Leitbilder fixiert, die sie für das Funktionieren unserer Wachstums-, Konsum- und Verschwendungswirtschaft benötigt?

Eine Jugendlichkeit, die sich in einem faltenfreien Maskengesicht ausdrückt;
eine Lebensfreude, die im strahlendsten chemischen Lächeln der Welt besteht;

eine Unabhängigkeit, die sich in der Wahl zwischen leichten und starken Zigaretten manifestiert;
eine Männlichkeit, deren Energie durch Motoren-PS ersetzt wird;
eine Weiblichkeit, deren Liebe und Wärme sich im Meister-Proper-Haushalt offenbart?
Sind wir dann nicht schon längst Opfer einer Ideologie geworden, deren Statussymbole im sinnlos großen Wagen, im kaum gebrauchten Swimming-Pool, in der meist leerstehenden Zweitwohnung, in der gekauften Freundin bestehen?

Wenn wir uns einmal dieser Abläufe und der dadurch geschaffenen Zwänge und damit der Dimension der heutigen Bedrohung bewußt geworden sind – und wir stecken schon viel tiefer im Totalitarismus drin, als wir wahrhaben wollen –, dann verliert alles, was wir in Richtung alternativer Lebenshaltung versuchen, das Anrüchige des Sektierertums, das Gefühl mangelnder Effizienz, die Unbestimmtheit des Sinns. Denn dann wissen wir, daß jeder einzelne, jede Familie, jede Gruppe, die sich der Normierung und Uniformierung zu entziehen vermag, eine Zelle ist im Kampf gegen den Totalitätsanspruch und gegen totalitäre Entwicklung.
Gehen wir in unserer zukünftigen Haltung vom Bild und Begriff der Zelle aus! Vielleicht verlieren wir dann etwas das Gefühl, ohnmächtig zu sein, ausgeliefert zu sein, auf die Dauer eben doch den Kürzeren ziehen zu müssen. Wenn wir uns als Zellen verstehen und wenn wir uns zum Ziel setzen, immer neue Zellen zu schaffen, dann wissen wir, daß wir Teil eines Pro-

zesses sind, daß wir diesen Prozeß beeinflussen und daß unser Leben letzten Endes aus gesunden Zellen besteht, die kranke Strukturen überwinden.
Das Entscheidende ist, daß wir handeln. Welch große Hoffnung liegt in der Alternativbewegung! Welche Chance bietet uns die Selbsthilfe! Selbst wieder aktiv werden, sein Geschick in irgendeiner Form wieder selbst in die Hände nehmen – das ist der entscheidende Schritt. Ob es um die Schaffung einer Tagesschule oder eines Kinderladens, ob es um die Realisierung einer Wohnstraße oder die Wiederbelebung eines Quartiers, ob es um den Kampf gegen eine Autobahn oder für eine vernünftige Verkehrskonzeption, ob es um die Selbsthilfe von Randgruppen, seien es Invalide, Alte, Patienten oder Jugendliche, ob es gar um den weltweiten Kampf gegen die AKWs beziehungsweise für menschliche Alternativen geht: jede dieser Bürgerinitiativen, jede dieser Selbsthilfeaktionen, jede dieser Gemeinschaftsaktionen ist eine wichtige politische Aktion. Politisch deshalb, weil es um neue Versuche geht, unser Zusammenleben menschlicher, natürlicher, gerechter zu gestalten, weil es darum geht, selbst über uns entscheiden zu können, weil es ein Schritt ist auf dem Weg, die heutigen Machtverhältnisse abzubauen und sie durch demokratische Strukturen zu ersetzen. Es gibt keine andere Kraft gegen den Totalitätsanspruch der Wirtschaft als den mündigen Bürger. Es geht schlicht und einfach darum, unser Bekenntnis zur Demokratie zu verwirklichen, und zwar in allen Lebensbereichen, auch in der Wirtschaft.

Die Wirklichkeit verändern

»Es geht Euch so gut wie noch nie!«
Auf diese Aussage werden Sie fixiert. Diese Aussage ist der erste Schritt in einer logischen Folge, mit der Sie auf die Ansprüche der heutigen Gesellschaft und Wirtschaft festgelegt werden.

Der zweite Schritt in dieser Logik ist der folgende: »*Wir* – Wirtschaft –, *wir* – System –, *wir* – Führung haben gemacht, daß es Euch so gut geht wie noch nie.«

Den dritten Schritt erleben Sie laufend – in jeder Diskussion mit Vertretern der Wirtschaft: »Ihr – Lehrerinnen und Lehrer – versteht nichts davon.« Ich zitiere aus der Kampagne, die gegen Lehrer lief, die mich zu einem Vortrag eingeladen hatten: »Wenn vor Lehrern über ›frisierte Bilanzen‹, Fortschritt, Rationalisierung und anderes referiert wird, dann darf man nicht voraussetzen, daß die Zuhörer die Sachkenntnis besitzen, das Gehörte kritisch zu beurteilen.«
Also bitte: Sie sind nicht fähig, wirtschaftliche Zusammenhänge zu erkennen.
Der vierte Schritt in der Managerlogik ist naheliegend: »Weil Ihr nichts von Wirtschaft versteht, müßt Ihr uns Managern überlassen, dafür zu sorgen, daß es Euch weiterhin so gut geht wie noch nie.«

Der Originaltitel lautete: ›Was erwartet die Gesellschaft von unserer Schule?‹ – Vortrag an der Jahresversammlung der Schulsynode Basel-Stadt am 6. Dezember 1978.

Fast zwangsweise ergibt sich daraus als fünfter Schritt die Forderung:
»Da *wir* Euch sagen müssen, was geschehen muß, damit es Euch so gut geht wie noch nie, müssen *wir* Euch sagen, wie die Menschen beschaffen sein müssen, die wir brauchen, damit wir dafür sorgen können, daß es Euch weiterhin so gut geht wie noch nie.«

In der Aussage dieses Schrittes ist aber bereits der Schuldkomplex einprogrammiert, der Ihnen nun noch als sechster Schritt eingeimpft werden muß, damit ja niemand aufzumucken wagt: »Ihr liefert nicht das Menschenmaterial, das wir brauchen! Ihr erzieht an der Wirklichkeit vorbei! Ihr seid schuld, wenn in Zukunft dieses – unser gemeinsames – System nicht mehr funktioniert!«

Und dann kommt wieder die Angst des Lehrers – und dann kommt wieder die Einsamkeit des Lehrers.

Die Logik der Wirtschaft stimmt – messerscharf! Und wenn Sie beginnen zu fühlen oder auch nur zu ahnen, daß trotzdem etwas nicht stimmen kann, erschlägt man Ihre Ahnungen mit der Aussage: »Wer ist denn diese Wirtschaft? Das sind wir alle! Wir alle produzieren und konsumieren. Und das ist Wirtschaft. *Wir* sind Wirtschaft. Also kann es Unterschiede zwischen den Forderungen der Wirtschaft und dem, was der ›Individual- und Sozialnatur des Menschen‹ entsprechen würde, gar keinen Widerspruch geben.«
Merken Sie den Trick? Wenn wir von Wirtschaft spre-

chen, dann meinen wir eben nicht die elementaren physiologischen und damit an sich wertfreien Bedürfnisse des Konsumieren-Müssens und des entsprechenden Produzierens, sondern dann meinen wir hier alle eben etwas völlig anderes. Wir meinen unter Wirtschaft

– bestimmte Zielsetzungen
– bestimmte Normen
– bestimmte Verhaltensweisen
– bestimmte Abläufe
– bestimmte Mechanismen
– bestimmte sogenannte Sachzwänge

und damit meinen wir eben einerseits das System, das uns diese Mechanismen und Abläufe aufzwingt, und anderseits die Personen, die dank ihrer Macht über die Schaltstellen dieses Systems verfügen, also diejenigen Personen, die

– über Kapital verfügen oder
– über Information verfügen oder
– über Kapital und Information verfügen.

Diese beiden Faktoren verleihen Macht.

Erst wenn es Ihnen gelingt, solche Tricks zu durchschauen, werden Sie in der Lage sein zu erkennen, weshalb die Logik nicht stimmt, die anscheinend zwangsläufig zu Ihrem Schuldgefühl, Ihrer Angst, Ihrer Einsamkeit führen muß.
Wir merken nicht, oder fühlen uns nicht in der Lage nachzuweisen, daß *das Axiom nicht stimmt.* Und das Axiom in der ganzen gesellschafts- und wirtschaftspolitischen Auseinandersetzung der Gegenwart lautet eben: »Es geht uns so gut wie noch nie. Wir müssen

dafür sorgen, daß es uns weiterhin so gut geht wie noch nie.«
Hier in aller Kürze die Tricks, die angewendet werden, um das Axiom unwiderlegbar und damit eine einfache Behauptung zu einem Glaubenssatz für uns alle zu machen:

1. Trick: Das ›Gut-Gehen‹ umfaßt nur jene Größen, die meßbar sind. Immaterielles ›Gut-Gehen‹ existiert nicht. Menschen mit hoher Lebensqualität, aber relativ geringen materiellen Gütern haben einen niedrigeren Wohlstand, obwohl es ihnen viel besser geht.

2. Trick: Man stellt die Frage: ›Wollt Ihr denn wieder zurück in die Steinzeit oder die Zeit der Pestseuchen, der Kindersterblichkeit, des niedrigen Lebensalters?‹ Kein Mensch bestreitet, daß die Existenzsicherung primäres Ziel jeglicher menschlicher Arbeit und jeglichen Wirtschaftens ist. Aber unser ›So-gut-wie-noch-nie‹ bezieht sich ja eben *nicht* auf diese Existenzsicherung, sondern auf die über die Existenzsicherung hinausgehende Fülle materieller Güter. Diese Fülle materieller Güter vergleicht man nun mit der Gütermenge anderer Gesellschaftsformen und Wirtschaftskonzeptionen, auch wenn diese für sich unter Umständen völlig andere Maßstäbe haben. Und das lautet dann etwa wie folgt: In China muß man für ein Paar Schuhe X Stunden arbeiten, bei uns nur Y Stunden; in Kuba kommt erst auf X Haushalte ein Kühlschrank, bei uns schon auf Y Haushalte; nur

jeder Xte Eskimo verfügt über einen Fernseher, bei uns jeder Yte Einwohner usw. usf. Sie kennen alle diese Vergleiche.

3. Trick: Man schafft Teufelskreise und ruft dann hämisch: »Ihr seid ja nicht bereit zu verzichten, also brauchen wir diesen Wohlstand.« Das Auto führt zur Zergliederung unserer Lebensräume. Wohnraum, Arbeitsraum, Einkaufsraum, Erholungsraum wurden getrennt. Das Auto wurde unentbehrlich, führte aber zu einer noch stärkeren Zergliederung, die das Auto noch unentbehrlicher machte usw. usf.
Kühlschrank und Tiefkühltruhe ermöglichten Einkauf auf Vorrat. Der Wocheneinkauf statt des täglichen Einkaufs führte zur Bildung großer Einkaufszentren. Diese zerstörten die Struktur, die für den täglichen Einkauf nötig war. Immer mehr Leute wurden gezwungen, Kühlschränke und Tiefkühltruhen zu haben usw. usf.
Achten Sie einmal in Ihrem täglichen Leben auf solche ›Teufelskreise‹, deren Ergebnis wir nachher Wohlstand nennen.

4. Trick: ›Was wollt Ihr denn noch mehr?‹ Mit diesem Trick treibt man Sie dann vollends in die Enge. ›Ihr habt soviel Geld wie noch nie, Ihr habt soviel Freizeit wie noch nie. Ihr habt soviele soziale Sicherheiten wie noch nie. Was wollt Ihr eigentlich noch mehr?‹ Mit dieser Frage sind Sie mundtot gemacht, wenn es Ihnen nicht gelingt, die Hinterhältigkeit dieser Fragestellung zu unterlaufen.

Stellen Sie doch zuerst einfach die Gegenfragen:

1. Gegenfrage
›Worin besteht denn dieses ‚So-gut-gehen-wie-noch-nie' eigentlich?‹
Es besteht einzig und allein darin, daß in den westlichen Industrienationen die Gesamtmenge der zur Verfügung stehenden materiellen Güter so groß ist wie noch nie.

2. Gegenfrage
›Wie messen wir die Maximierung materieller Güter?‹
Es ist das Bruttosozialprodukt, das nichts anderes aussagt als eben, wie viele materielle Güter produziert werden. Das hat dann derart groteske Folgen, daß je mehr Verkehrsunfälle wir produzieren, desto besser geht es uns. Je langsamer wir bei unserem Tod sterben und je länger wir uns noch in einem Spital aufhalten müssen, desto besser. Je mehr Waffen wir produzieren, desto höher ist unser Wohlstand. Je mehr und je hochwertigere Güter wir fortwerfen und ersetzen, desto besser. Je mehr Häuser wir abreißen und neue bauen, desto besser.

3. Gegenfrage
›Ist die Maximierung der materiellen Güter wirklich unser Verdienst, oder ging und geht sie nicht etwa
- auf Kosten unserer Natur, die wir zerstören?
- auf Kosten der kommenden Generationen, denen wir erschöpfte Ressourcen, zerstörte Städte, aufgelöste Strukturen, Abfall hinterlassen?
- auf Kosten der Dritten Welt, die wir noch heute,

wie zu den Zeiten, da sie auch noch formell unsere Kolonien waren, ausbeuten?
- auf Kosten all jener Arbeitskräfte in unserer Wirtschaft, die als Folge einer überforcierten Rationalisierung immer höhere Leistungen bei immer sinnloserem Arbeitsinhalt erbringen müssen?‹

4. Gegenfrage
›Mit welchen strukturellen Veränderungen haben wir uns diese Maximierung materieller Güter erkauft?‹ Nur einige Stichworte:
- Zentralisierung der Entscheidungsstrukturen
- Konzentration der Vermögen
- Dezimierung der selbständigen Existenzen
- Entstehung gigantischer Unternehmensgebilde
- ständige Vergrößerung der Kluft zwischen arm und reich – individuell, national, international
- Auflösung der sozialen Bezüge des Individuums und Zerstörung der gewachsenen Strukturen und Gemeinschaften

In all diesen Bereichen hat sich die Wirtschaft als unfähig erwiesen, auch nur ihre eigenen Probleme zu lösen.

5. Gegenfrage
›Habt Ihr uns mit Eurem ‚So-gut-wie-noch-nie' nicht in eine Entwicklung hineingeführt, an deren Ende zwangsweise der totalitäre Polizeistaat steht?‹
Rationalisierung – Schlüsselwort des ›Gut Gehens‹ – heißt Zwang zur Größe auf wirtschaftlichem Gebiet und Zwang zur Spezialisierung auf dem Gebiet der persönlichen Fähigkeiten und der individuellen Ar-

beit. Größe heißt Zentralisierung, Spezialisierung heißt Verödung bei den ausführenden Menschen und Fachidiotie, Unfähigkeit zum gesamtheitlichen Denken und Urteilen bei den Entscheidungsträgern. Auf der einen Seite wird Macht konzentriert, auf der anderen Seite wird das System immer labiler, störungsanfälliger. Das System muß also von den wenigen, die über immer mehr Macht verfügen, stabilisiert werden. Endstation: Polizeistaat, unabhängig, welchem ideologischen System wir auch angehören.

6. Gegenfrage
›Hat uns die Maximierung materieller Güter dem menschlichen Glück näher gebracht?‹
- Steigende Selbstmordraten?
- Steigende Kriminalität?
- Steigender Konsum von Alkohol, Drogen, Medikamenten?
- Steigende Zahl neurotischer Erkrankungen?

Menschliches Glück?
Und wenn Sie diese Gegenfragen gestellt haben, wird Ihnen die entscheidende Frage aufgehen:
Will ich meine Schüler dazu erziehen, dieser Wirklichkeit angepaßt zu sein?
Sie dürfen Ihre Schüler nicht dazu erziehen, der heutigen Wirklichkeit zu entsprechen.
Sie müssen Ihre Schüler dazu erziehen, fähig zu sein, diese Wirklichkeit zu verändern.
Sie müssen die Schüler dazu erziehen, sich ein Bild einer anderen Wirklichkeit machen zu können.
Dies muß die Forderung des Individuums und der Gesellschaft an die heutige Schule sein.

Wenn man sich einmal der Problematik der heutigen Entwicklung bewußt geworden ist,
wenn man sich einmal mit aller Deutlichkeit klargeworden ist, in welcher Sackgasse wir heute stehen,
wenn wir einmal die Einsicht gewonnen haben, daß uns nur noch der mutige und radikale Schritt in eine neue Zeit weiterbringen kann –
kann es dann eine schönere Aufgabe geben, als Menschen dazu zu befähigen, diesen Schritt für sich und für uns alle zu vollziehen?
Die Konsequenzen sind hart. Denn am Anfang steht die Verweigerung, das Unterlaufen, die ›Subversion‹, um dieses böse Wort zu gebrauchen.
Wir müssen dem Schüler zeigen,
- wie er sich gegen fremde Normen wehren kann,
- wie er sich gesellschaftlichen Zwängen entziehen kann,
- wie er nicht selbst akzeptierte Ansprüche verweigern kann,
- wie er Macht, der er sich nicht freiwillig unterzogen hat, unterlaufen kann.

Wir müssen Kinder dazu erziehen,
als Erwachsene Rebellen sein zu können.
Wir müssen Kinder dazu erziehen,
als Erwachsene nonkonform sein zu können.
Wir müssen Kinder dazu erziehen,
als Erwachsene selbständig urteilen,
selbständig entscheiden,
selbständig handeln zu können.

Erst aufgrund dieser Fähigkeiten wird es möglich sein, jene Neuorientierung der Schule zu verwirklichen, um die Sie in all Ihren Vereinigungen, Zusammenkünften und in all Ihren Entwürfen neuer Richtlinien, neuer Grundsätze, neuer Lehrpläne ringen.

Wir wissen im Grunde genommen alle, wie diese Neuorientierung aussehen müßte. Denn ich predige ja nicht die Revolution. Ich will ja gar keine ›andere‹ Gesellschaft. Ich will nur endlich *die* Gesellschaft verwirklichen, zu der wir uns in unseren Deklamationen ideell bekennen und die wir den Schülern vorgaukeln.
Nehmen Sie doch die Grundgedanken von Demokratie und christlichem Bekenntnis! Bilden Sie Begriffspaare. Setzen Sie auf der einen Seite die Merkmale einer demokratischen und christlichen Gemeinschaft ein! Sie werden mit Schrecken feststellen, daß wir uns in unserer heutigen Wirklichkeit fast durchwegs nach den Gegenbegriffen richten.

Bekenntnis/Soll-Zustand		*Realität/Ist-Zustand*
Gemeinschaft	statt	Vereinzelung
Solidarität	statt	Eigennutz
Zusammenarbeit	statt	Konkurrenz
Lebensgestaltung	statt	Arbeit/Freizeit
Selbstentfaltung	statt	sich unterziehen
eigene Leistung	statt	Befehl ausführen
Selbstgenügsamkeit	statt	übertrumpfen wollen
Zufriedensein	statt	immer noch mehr haben wollen
Lebensfreude	statt	Sucht
Frieden	statt	Kriegsverhütung
Konflikte bewältigen	statt	Konflikte verdrängen

Gestaltung	statt	Normierung
Kreation	statt	Repetition
Gefühl	statt	nur Verstand
usw.		usw.

oder einfacher ausgedrückt:

Sein	statt	Haben

wie es Erich Fromm formuliert.

Das ist doch mit den Anforderungen der heutigen Wirtschaft nicht vereinbar – ist vielleicht Ihr Einwand. Im Gegenteil: Diese Neuorientierung der Schule im individuellen und sozialen Bereich würde zu den neuen Leitbildern führen, an denen sich die Wirtschaft einer nachindustriellen, einer nachmodernen Zeit orientieren müßte.
Auch hier wieder nur stichwortartig und in Begriffspaaren

kleine Strukturen	statt	große Gebilde
Dezentralisation	statt	Zentralisation
angepaßte Technologie	statt	Großtechnologie
Kreisläufe	statt	Abläufe
Systeme	statt	Zwänge
Einordnung	statt	Eigendynamik
Erhalten	statt	Wegwerfen/Zerstören
Rücksicht auf Mensch, Gemeinschaft, Umwelt, Nachwelt	statt	Ausbeutung von Mensch, Gemeinschaft, Umwelt, Nachwelt

Es sind Leitbilder für unsere Wirtschaft, denen nicht mehr die unsinnigen, zum Selbstzweck gewordenen Größen wie Umsatz, Cash-flow, Marktanteil, Spesensatz, Pro-Kopf-Leistung usw. zugrunde liegen, sondern Prinzipien wie

– menschlich
– gerecht
– natürlich
– selbstbestimmt
– selbsterhaltend
– verantwortlich
– angepaßt

also eben jene Größen, die wir uns auch als Basis unseres persönlichen Lebens und unserer Existenz als Teil einer Gemeinschaft vorstellen und wünschen.
Ist es Revolution, wenn ich verlange, daß endlich jene Machtstrukturen beseitigt werden, die der Verwirklichung unserer demokratischen und christlichen – Sie können auch sagen ›brüderlich/schwesterlichen‹ – Gesellschaft im Wege stehen? Diese Strukturen zu beseitigen, heißt aber Kampf: positiver, zukunftsgläubiger, gewaltloser, also subversiver Kampf gegen die Zwänge des heutigen Systems, gegen den Totalitätsanspruch der Wirtschaft, gegen den Machtanspruch des Kapitals und seiner Vasallen.
Richten Sie sich nicht nach der Wirtschaft! Die Individual- und Sozialstruktur des Menschen hat sich nicht der Wirtschaft anzupassen. Die Wirtschaft ist auf den ihr gebührenden Platz zu verweisen. Die Wirtschaft hat nur die materielle Basis für das Leben zu liefern; sie ist nicht das Leben.
Richten Sie sich nicht nach der Wirtschaft! Unsere Hoffnung ist die, daß die Wirtschaft sich einmal nach dieser neuen Generation, die Sie mit heranziehen, wird richten müssen.
Ich wünsche Ihnen viel Glück!

Verantwortung statt Pflicht

Ich zitiere: ›Unsere Souveränität ruht einzig und allein auf den amerikanischen Interkontinentalraketen.‹ Ich mußte den Satz dreimal lesen, bis ich meinen Augen traute. Der Satz stammt nicht von einem subversiven Linken, sondern von einem offenbar angesehenen Dozenten der Universität Bern. Er wurde geäußert im Rahmen eines Vortrages vor einer schweizerischen Offiziersgesellschaft, wurde abgedruckt in der Schweizerischen Militärzeitschrift und wird nun als Sonderdruck vom Schweizerischen Aufklärungsdienst groß verbreitet. Sehen wir einmal darüber hinweg, daß der Spruch an sich ein völliger Unsinn ist, ein Widerspruch in sich. Ein Staat, der von einer ausländischen Militärmacht abhängig ist, ist per definitionem nicht mehr souverän. (Eine solche Unlogik sollte einem Dozenten der Jurisprudenz nicht passieren.) In Anbetracht der Person, die diese Äußerung getan hat und des Widerhalls, den dieser Vortrag bei den sogenannten staatserhaltenden Kreisen unseres Landes gefunden hat, muß ich wohl annehmen, daß die Aussage offiziösen Charakter hat. Dann habe ich als Schweizer Offizier während fast 30 Jahren verantwortungslos gehandelt. Ich habe nämlich meinen Soldaten beigebracht, wir könnten uns verteidigen. Habe ich verantwortungslos gehandelt,

Der Originaltitel lautete: ›Erziehung zu Verantwortung in Schule und Universität‹ – Vortrag im Collegium Generale der Universität Bern, 8. Mai 1979.

nachdem ich ja nur den mir erteilten Auftrag erfüllt habe? Denn alle Instruktionen, alle Filme, alle Dokumentationen in der Schweizer Armee gehen davon aus: Wir können uns verteidigen! Wenn dem nicht so ist, wenn es also zutrifft, daß unsere Eigenstaatlichkeit von der Intervention amerikanischer Truppen abhängig ist, wie soll dann ein allfälliger General oder wie soll unsere Regierung die Verantwortung für unser Land übernehmen können? Oder sind wir jetzt den Amerikanern gegenüber verantwortlich? Oder tragen nun die Amerikaner die Verantwortung für unsere Eigenstaatlichkeit? Worin besteht denn aber diese Verantwortung? Können wir die Amerikaner haftbar machen, wenn sie ihrer Verantwortung nicht gerecht werden?

Wenn unsere Armee nicht mehr in der Lage ist, unsere Unabhängigkeit zu gewährleisten, verhält sich dann nicht einzig der Dienstverweigerer verantwortungsvoll, der nach neuen Lösungen sucht? Offenbar nicht, denn der Vortrag war ein fulminanter Angriff auf jeden Dienstverweigerer. Politiker, die glauben, sich dem Andersdenkenden, also dem Dienstverweigerer gegenüber verantwortungsvoll zu verhalten, indem sie ihn anerkennen, werden als ›verkappte Knechte der Despotie‹ betitelt. Oder verhält sich vielleicht dieser Dozent der Universität Bern verantwortungslos? Als Bataillonskommandant hätte ich bei einer Diskussion solche Leute, die behaupten, unsere Armee sei nichts wert, sofern sie nicht von den Amerikanern unterstützt werde, als wehrkraftzersetzend und staatsgefährdend bezeichnet, also in höchstem Grade verantwortungslos.

Ein zweites, etwas allgemeineres Beispiel:
Wenn Sie einen Offizier fragen, was seine Stellung eigentlich auszeichne und was seine Aufgabe als Vorgesetzter denn befriedigend mache, wird er sich in der Regel darauf berufen, wie dankbar es sei, für seine Truppen, für seine Soldaten verantwortlich zu sein, Verantwortung tragen zu dürfen. Falls im Ernstfall ein Offizier jedoch den Auftrag erhält, seine Soldaten, oder wenigstens einen Teil seiner Truppe, für einen bestimmten taktischen Auftrag zu opfern, wird er dies diskussionslos tun. Wie kann ich Verantwortung für jemanden tragen, wenn ich ihn für einen Auftrag hemmungslos in den Tod schicke? Wenn ich ihn aber nicht in den Tod schicke, werde ich erschossen, weil ich meiner Verantwortung dem Vaterland gegenüber nicht nachgekommen bin. Gibt es denn hier zwei verschiedene Verantwortungen, die sich gegenseitig ausschließen?

Ganz ähnlich ist die Situation beim Manager, der sein exorbitantes Einkommen wahrscheinlich mit der großen Verantwortung rechtfertigt, die er seinen Arbeitnehmern gegenüber trage. Wenn aber die Weisung von der Konzernzentrale in Panama eintrifft, 500 Arbeitnehmer zu entlassen, wird er dies ohne Wimpernzucken tun. Die Verantwortung für das Versagen des Managers trägt also der Arbeitnehmer, der auf der Straße steht; der Manager wird höchstens auch entlassen, erhält aber wahrscheinlich eine entsprechende Abfindung. Worin besteht nun die Verantwortung des Managers dem Arbeitnehmer gegenüber?

Ein weiteres Beispiel:
Unsere Wirtschaftsordnung rechtfertigt hohe Anlage- und Spekulationsgewinne damit, daß der Spekulant mit seinem ganzen eigenen eingesetzten Vermögen die alleinige Verantwortung für sein Handeln trage. Kann Geld Verantwortung tragen?
Generaldirektor Senn von der Schweizerischen Bankgesellschaft äußerte sich kürzlich in einem Interview wie folgt: ›Wenn wir moralische Grundsätze aufstellen wollen für die Auswahl unserer Handelspartner und Kreditkunden – dann wird das sehr schwierig werden, das kann Massenarbeitslosigkeit bedeuten.‹ Nehmen wir einmal an, es handle sich bei dem Spruch nicht um blanken Zynismus. Dann würde er doch bedeuten: Aus Verantwortung gegenüber unseren Arbeitnehmern in der Schweiz können wir keine moralische Verantwortung für unser Tun übernehmen.

Ähnlich argumentierte Bundesrat Brugger[1] anläßlich seiner Wallfahrt zum Schah von Persien. Auf die Frage, wie es denn mit den Menschenrechten in diesem Land stehe, lautete seine Antwort, er reise auf Wirtschaftsbeziehungen, nicht auf Menschenwürde. Also auch hier: Aus Verantwortung gegenüber der Exportindustrie unseres Landes keine humane, keine moralische, keine christliche Verantwortung gegenüber den persischen Opfern.

Wem ist man eigentlich verantwortlich? Wem ist der Lehrer verantwortlich? Dem Kind? Den Eltern? Der

[1] Ehemaliger schweizerischer Wirtschaftsminister.

Gesellschaft? Ist er nicht faktisch einfach dem Schulpfleger gegenüber, dem Visitator gegenüber verantwortlich? Der Manager sagt, er sei dem Kapitalgeber, dem Arbeitnehmer, der Gesellschaft, dem Politiker verantwortlich. Ist er faktisch nicht einfach dem nächst höheren Vorgesetzten gegenüber verantwortlich? Der Offizier beruft sich auf die Verantwortung dem Soldaten gegenüber, dem Vaterland gegenüber, ja dem Herrgott gegenüber. Faktisch ist er doch einfach dem nächsten Vorgesetzten gegenüber verantwortlich. Wem ist der Politiker verantwortlich? Dem Wähler? Der Partei? Der Fraktion? Dem Vaterland? Oder einfach sich selbst, d. h. den nächsten Wahlen?
Entstehen hier nicht laufend Verantwortungskonflikte? Wer entscheidet dann aber über die Verantwortungsprioritäten? Oder den Verantwortungskompromiß? Gibt es überhaupt einen Verantwortungskompromiß? Ist man nicht einfach dem gegenüber verantwortlich, der die Macht hat, und nicht dem Menschen oder der Sache gegenüber, um die es geht?

Ich mußte einleitend verschiedene Beispiele aus der Praxis bringen und Sie mit einigen Fragen verwirren, um Ihnen plausibel zu machen, wie diffus unser Begriff Verantwortung ist. Mit dem Begriff Verantwortung wird die größte Schindluderei getrieben. Jedermann versucht, sein Handeln damit zu rechtfertigen, daß er eben die Verantwortung trage, mag auch sein Handeln noch so verantwortungslos sein.
Wenn wir über Erziehung zur Verantwortung spre-

chen wollen, kommen wir nicht darum herum, uns eingehend darüber zu unterhalten, welches die Wesensmerkmale der Verantwortung in unserer Gesellschaft sind. Die Analyse des Begriffs wird uns dann von allein in die Lage versetzen zu erkennen, nach welchen Grundsätzen und mit welchen Zielen eine auf Verantwortung ausgerichtete Erziehung zu geschehen hätte.

Nehmen wir einmal eine erste Abgrenzung vor: Der Spekulant, der einen Teil seines Vermögens oder sogar sein ganzes Vermögen einsetzt, geht ganz bewußt ein finanzielles Risiko ein, weil er mit der Möglichkeit eines entsprechenden Gewinns rechnet. Je höher die Gewinnchancen, desto größer ist auch die Bereitschaft, ein entsprechendes Risiko einzugehen. Im Gewinn/Risiko-Bereich von Verantwortung sprechen zu wollen, ist Unsinn.
Die ganze Problematik des Privateigentums an den Produktionsmitteln wird einem aber erst richtig bewußt, wenn man sich überlegt, daß Geld eben keine Verantwortung übernehmen kann, während wir viele Ungeheuerlichkeiten unseres Systems damit rechtfertigen, daß das Kapital die ganze Last der Verantwortung trage.

Viel schwieriger ist die zweite Abgrenzung. Wenn der Offizier, der Manager, der Lehrer usw. von seiner Verantwortung gegenüber dem Vorgesetzten spricht, dann geht es eben nicht um Verantwortung, sondern es geht um die Erfüllung einer Pflicht. Diese ganze Schindluderei mit dem Begriff Verantwortung ist nur deshalb möglich, weil er immer wieder für Tatbestände mißbraucht wird, denen pflichtmäßige Abhängigkeiten zugrunde liegen. Wie wir mit den Begriffen Verantwortung und Pflicht jonglieren, möchte ich Ihnen nun nochmals an drei Beispielen aus dem Wirtschaftsleben zeigen.

1. Nach dem Krieg gründete ein ehemaliger deutscher SS-General in Bad Harzburg eine Manager-Schule. Er machte nichts anderes, als daß er die Führungsprinzipien, die in der deutschen Wehrmacht Gültigkeit hatten, auf die Wirtschaft übertrug. Eines der Prinzipien basiert auf der Erkenntnis, daß in Großorganisationen wie einer Wehrmacht oder einem modernen Unternehmen die Verhältnisse derart unübersichtlich und komplex sind, daß den einzelnen hierarchischen Stufen mehr Kompetenzen, größere Entscheidungsbereiche überlassen werden müssen. Solche Organisationen lassen sich nicht mehr von einzelnen zentralen Figuren überblicken und beherrschen. Um dem Prinzip nun Modellcharakter zu verleihen, erfand man schöne Bezeichnungen wie zum Beispiel Führung im Mitarbeiterverhältnis. Kernstück dieser ›Führung im Mitarbeiterverhältnis‹ ist die sogenannte ›Delegation von Verantwortung‹. Seit dreißig Jahren geistert nun dieses Prinzip der ›Delegation von Verantwortung‹ durch die Wirtschaft. Man bezeichnet es als neues partnerschaftliches Verhältnis in der Unternehmenshierarchie oder gar als partizipative Führung. Man vergißt aber, oder unterschlägt, daß sich am hier-

archischen Abhängigkeitsverhältnis des Mitarbeiters nicht das geringste geändert hat. (Es wäre auch völlig neu, daß in der deutschen Wehrmacht demokratische Verhältnisse geherrscht haben sollten.) Die Tatsache, daß man den Kompetenzbereich einer untergeordneten Managementstufe etwas erweitert und ihn damit aber auch zum Sündenbock machen kann, wenn etwas schief geht, hat doch mit einer echten Delegation von Verantwortung nichts zu tun. Läßt sich denn Verantwortung überhaupt delegieren? Ist das so verstandene Delegationsprinzip nicht einfach ein Mittel, um den Kleinen hängen zu können?

2. Als es in der Schweiz in einer Volksabstimmung erstmals darum ging, den Arbeitnehmern minimimste Mitspracherechte einzuräumen, wehrten sich die Arbeitgeber mit dem Argument, der Arbeiter sei ja doch nicht bereit und nicht in der Lage, die entsprechende Verantwortung zu übernehmen. Dabei ging es doch um etwas völlig anderes. Es ging darum, die vielen Pflichten, die ein Arbeitnehmer gegenüber dem Unternehmen hat, denen als einziges Recht das Recht auf Verdienst, das heißt auf materielle Existenz gegenübersteht, also ein Recht, das wir jedem Haustier, jedem Hund, jeder Katze, jedem Wellensittich, jedem Goldfisch zugestehen, durch einige kleine weitere Rechte zu ergänzen. Es ging also darum, ein einseitiges Pflichtverhältnis etwas gerechter zu gestalten.
   In diesem Zusammenhang:
   Das Haustier hat das Recht auf Existenz allein schon aufgrund seines Vorhandenseins, der

Mensch jedoch nur dann, wenn er ein sogenanntes wertvolles Glied unserer Gesellschaft ist, das heißt wenn er nach den materiellen Wertvorstellungen unserer Gesellschaft einen Beitrag für diesen rein materiellen Wohlstand liefert. Einer, der nur für sich beziehungsweise für die qualitative Gestaltung unserer Gemeinschaft arbeitet, wie zum Beispiel der Künstler, hat dieses Recht nicht. Eben, man sagt: Er trägt keine Verantwortung. Wäre es nicht elementarstes Verantwortungsbewußtsein einer menschlichen Gemeinschaft, jedem Menschen zuerst einmal ein Minimaleinkommen zu gewährleisten, und wäre es nicht logische Konsequenz dieses Bewußtseins, dem Minimaleinkommen ein Maximaleinkommen gegenüberzustellen?

3. Im Zusammenhang mit der Verantwortung nennen wir oft den Begriff Treue. Wer für einen andern die Verantwortung übernimmt, darf dafür mit seiner Treue rechnen, sagt man. Aber ist eine so verstandene Treue denn etwas anderes als ein zusätzliches Herrschaftsmittel? Unser Obligationenrecht stipuliert zwar im Arbeitsvertrag die sogenannte Treuepflicht des Arbeitnehmers. Dies beinhaltet aber nichts anderes, als daß der Arbeitnehmer ›die berechtigten Interessen des Arbeitgebers in guten Treuen zu wahren‹ habe. Daraus hat man aber schon längst versucht, eine generelle Verpflichtung des Arbeitnehmers gegenüber dem Arbeitgeber zu machen. Die Treuepflicht in diesem Sinne verstanden, schafft geradezu eine Art Leibeigenschaft oder totalitäre Abhängigkeit, in-

dem damit von der Wirtschaft elementarste Freiheitsrechte wie die Redefreiheit, Koalitionsfreiheit usw. außer Kraft gesetzt werden können. Der Versuch, den Arbeitnehmer auf eine generelle Treuepflicht zu fixieren, entspricht voll und ganz dem sogenannten Fahneneid des Soldaten. Es ist der Versuch, den zur Treue Verpflichteten auch in jenen Bereichen abhängig zu machen, wo die Abhängigkeit rechtlich nicht mehr erfaßt werden kann, das heißt in den Gefühls- und den Gedankenbereichen.

Allerdings versucht man, diese Treuepflicht auch noch rechtlich zu untermauern. Denken Sie daran, daß in der Regel Hochschuldozenten verpflichtet sind, über alle Internas, die ihnen während ihrer aktiven Tätigkeit als Dozent zur Kenntnis gelangten, auch nach der Pensionierung noch Stillschweigen zu wahren, da sie sonst aller Pensionskassenansprüche verlustig gehen können. Man verhindert also unter Umständen mit der rechtlich fixierten Treuepflicht, die nichts anderes ist als eine Schweigepflicht, daß der Verpflichtete seiner Verantwortung gegenüber der Allgemeinheit oder gegenüber einzelnen Personen gerecht werden kann.

Dies als drei Beispiele dafür, wie man mit dem Begriff der Verantwortung versucht, blanke Abhängigkeit zu kaschieren.

Nur wenn es uns gelingt, zwischen Pflicht und Verantwortung unterscheiden zu können, wird es uns möglich sein, den Inhalt von Verantwortung zu erkennen. Wir spüren ja schon ganz intuitiv, daß die

Erfüllung einer Pflicht nicht dasselbe sein kann wie das Wahrnehmen einer Verantwortung.
Denken Sie doch daran, daß wir im ganzen religiösen Bereich nie von Pflicht, sondern immer nur von Verantwortung sprechen.
Zum Begriff der Pflicht gehört als Gegenstück der Begriff des Rechts. Wir betrachten es als selbstverständlich, daß jemand, der über Rechte verfügt, auch entsprechende Pflichten zu übernehmen hat und umgekehrt; wer Pflichten hat, soll auch Rechte haben. Haben Sie die Absicht, unserem Herrgott gegenüber irgendwelche Rechte geltend machen zu wollen? Können Sie sich im ganzen transzendentalen Bereich den Begriff des Rechtsanspruchs überhaupt vorstellen? Deshalb ist es für uns hier auch eine Selbstverständlichkeit, nie von Pflicht zu reden, sondern immer nur von Verantwortung.
Bleiben wir noch etwas beim Begriff des Rechts.
Wenn wir vom Begriff des Rechts ausgehen: Ein Recht ist für uns erst dann ein Recht, wenn es für uns durchsetzbar ist, sonst bleibt es bei einem unverbindlichen Anspruch. Die Durchsetzbarkeit ist das Entscheidende des Rechts. Genau das gleiche, nur im umgekehrten Sinn, gilt für die Pflicht. Unabdingbar mit der Pflicht verbunden ist Gehorsam beziehungsweise Disziplin. Am klarsten drückt sich das schweizerische Dienstreglement der Armee aus: ›Disziplin ist die volle geistige und körperliche Hingabe des Wehrmannes an seine Pflicht.‹ Wenn Sie Ihre Pflicht nicht erfüllen, werden Sie bestraft. Oder zum mindesten in irgendeiner Form zur Rechenschaft gezogen. Wie ganz anders bei der Verantwortung!

Die Befolgung moralischer Prinzipien läßt sich nicht erzwingen; es bleibt nur die Einsicht. Ich kann nur Verantwortung tragen, wenn ich davon überzeugt bin.
Hier darf ich nun bereits die erste kritische Frage zum heutigen Erziehungswesen stellen: Wenn wir behaupten, die Kinder und die Jugendlichen zu verantwortungsbewußten Menschen und Staatsbürgern heranziehen zu wollen, verwechseln wir dann nicht Verantwortung und Pflicht? Erziehen wir sie nicht in erster Linie dazu, sich unterziehen zu können, vorgesehene Normen zu erfüllen, und nicht in erster Linie dazu, die Frage nach dem Sinn der Norm zu stellen? Hat das denn etwas mit Verantwortung zu tun?

Was ist das eigentlich, Verantwortung? Gehen wir einmal vom *Wort* Verantwortung aus. Ist in diesem Ver-*antwort*-ung nicht bereits das Wesentliche enthalten? Ist das Entscheidende nicht bereits damit gesagt, daß mit der Verantwortung ein Antwortgeben und ein Antworterwarten und -annehmen verbunden ist? Antworterwarten und -annehmen und seinerseits wieder Antwortgeben ist aber nichts anderes als gegenseitig zu kommunizieren. Können wir vielleicht sagen, daß die elementarste Voraussetzung, Verantwortung zu übernehmen, darin besteht, mit jemand anderem oder etwas anderem kommunizieren zu können? Verantwortung heißt damit aber automatisch, den anderen Menschen, die Gemeinschaft, die Umwelt zu bejahen. Um kommunizieren zu können, muß man in einer Beziehung zum Gegenüber stehen. Sobald es jedoch um Beziehungen geht, realisieren

wir, daß es keine nur rationale Verantwortung geben kann, sondern daß Verantwortung immer auch eine emotionale Komponente voraussetzt. Verantwortung tragen heißt also, fähig zu sein, Emotionen zu haben, emotionell zu leben und emotionell zu reagieren. Damit ist aber auch gesagt, daß es Verantwortung nur dann geben kann, wenn eine Emotion überhaupt möglich ist. Man kann also Verantwortung haben gegenüber den Mitmenschen, gegenüber einer Gemeinschaft, gegenüber der Kreatur, der Natur oder gegenüber dem Transzendentalen, dem Göttlichen. Einem abstrakten Gebilde gegenüber – dem Staat, den Unternehmen, der Armee, der Kirche als Institution, der Pensionskasse – gibt es nur dann Verantwortung, wenn man sich innerlich damit identifizieren kann. Weil jedoch diese Identifikation nicht von vorneherein sicherzustellen ist – sie kann auch im Laufe der Zeit verschwinden –, tritt bei diesen abstrakten Gebilden an die Stelle der Verantwortung die normierte Pflicht, die aufoktroyierte Verhaltensnorm. An die Stelle der selbstbestimmten Verantwortung tritt die fremdbestimmte Verpflichtung.
Wenn wir davon ausgehen, daß Verantwortung eine innere Haltung ist, dann erkennen wir aber auch, daß unser Versuch, Verantwortung in Rechtsnormen umzuwandeln, ein Widerspruch in sich selbst ist. Einerseits wird durch unser Bestreben, Verantwortung zu institutionalisieren, echte Verantwortung ersetzt durch Fürsorge, durch Sozialstaat, durch Versicherungen. Wir entledigen uns der Verantwortung, indem wir wirtschaftliche oder rechtliche Ansprüche schaffen. Damit liefern wir uns aber diesen Institu-

tionen aus und bringen uns selbst um die Möglichkeit, überhaupt noch mitmenschliche Verantwortung wahrnehmen zu können. Dies ist der eine Aspekt. Noch viel wichtiger ist, daß es gar nie gelingen kann, Verantwortung durch Normen zu fixieren, da Rücksichtnahme, Verantwortung eben eine andere innere Haltung, ein Bewußtsein *für* den andern oder *für* das andere, eine andere Einstellung verlangen. Deshalb müssen auch alle Versuche scheitern, das Umweltproblem, das Problem der Dritten Welt usw. über Gesetze und Abkommen regeln zu wollen. Gerade aus diesem Grunde ist die Alternativbewegung derart wichtig, weil sie eine Bewußtseinsveränderung beim einzelnen Menschen und bei der Gemeinschaft anstrebt. Und nur diese Bewußtseinsveränderung wird uns ermöglichen, Verantwortung zu übernehmen. Gerade die Unmöglichkeit, eine innere Haltung in Normen zu fassen, erklärt viele der Konflikte zwischen der Alternativbewegung im weitesten Sinn und den herrschenden Kreisen.

- Mit dem Vertrieb von Milchpulver in der Dritten Welt verletzen wir keine Rechtsnormen, aber wir handeln unverantwortlich.
- Wenn wir mit dem Export von Waffen kriminelle Regimes unterstützen, halten wir uns vielleicht sogar an unser Recht, aber wir handeln unverantwortlich.
- Wenn wir Medikamente, die bei uns verboten sind, oder elektrische Geräte, die unseren Vorschriften nicht entsprechen, in Entwicklungsländer verkaufen, verletzen wir in diesen Ländern keine Rechts-

normen – wie soll es sie auch geben –, aber wir handeln unverantwortlich.

– Wenn wir unseren Wohlstand zum Teil der Tatsache verdanken, daß wir unsauberes Geld auf unseren Banken verstecken, so entspricht dies – wenigstens vorläufig noch – unserem Recht, wir handeln aber unverantwortlich.

Die Beispiele lassen sich beliebig vermehren. Nehmen Sie doch den ganzen Bereich der Umweltgefährdung, der nichts anderes ist als ein zwar legales, ja vielleicht sogar pflichtgemäßes, jedoch unverantwortliches Verhalten.

Letzten Endes geht es auch beim Begriff Verantwortung darum, welches Bild wir uns von unseren Mitmenschen machen. Man hat mir kürzlich den Vorwurf gemacht, ich mache die Menschen unglücklich. Eine Frau an ihrem Fließband sei doch glücklich; sie kenne ja nichts anderes. Wenn ich nun dieser Frau gesellschaftliche Zusammenhänge aufzeige und auch für diese Frau Rechte fordere, die über die rein materielle Existenzsicherung hinausgingen, dann mache ich diese Frau unglücklich. Das Huhn in seiner Eierbatterie ist also glücklich, weil es nichts anderes kennt; das Kalb in der Dunkelhaft ist glücklich, weil es nichts anderes weiß; das Schwein in der Tierfabrik kennt ja auch nichts anderes usw. usf. Es ist die typische, rationale Managerlogik, eine Logik, in der der Begriff der Verantwortung, der Rücksichtnahme nicht existiert. Ein solcher Zynismus dem Mitmenschen oder dem Tier gegenüber kann nur von Menschen stammen, die selber nie in solchen existenziellen Abhängigkeiten steckten und die sich selbst solchen exekutiven Arbeitstieren und -menschen weit überlegen vorkommen. Verantwortungslosigkeit ist ja meistens gepaart mit Arroganz und Einbildung. Ohne das Empfinden der Schöpfung, der Kreatur gegenüber verantwortlich zu sein, wird es ihnen nicht gelingen, einzusehen, weshalb Batteriehühner, weshalb industrielle Schweinezucht, weshalb die Kälberaufzucht, viele Tierxperimente ein Verbrechen sind – kein juristisches selbstverständlich, sondern ein Verbrechen an der Natur. Ebenso kann es auch nur die Überzeugung sein, daß jeder Mensch das Recht hat, über die unterste Stufe menschlicher Bedürfnisbefriedigung, die Stufe der Sicherstellung der materiellen Existenz hinauszukommen, daß jeder Mensch das Recht hat, sich selber zu verwirklichen, die sie dem Mitmenschen gegenüber verantwortlich handeln läßt.

Wir wollen einmal versuchen, aufgrund der bisherigen Ausführungen die beiden Begriffe Pflicht und Verantwortung einander gegenüberzustellen:

Pflicht	*Verantwortung*
fremdbestimmt	selbstbestimmt
reglementiert	frei, freiwillig
abstrakt	konkret
nur rational	rational und emotional
äußerlich	innerlich
Frage nach dem Sinn muß sich nicht stellen	Frage nach dem Sinn ist das Primäre
durchsetzbar (Gewalt)	nicht durchsetzbar (Liebe)

Verletzung macht rechtlich oder wirtschaftlich haftbar	Verletzung belastet moralisch
	Gewissensfrage
institutionsbezogen	mensch-/naturbezogen
Ursache/Wirkung-Prinzip	ganzheitliches Wahrnehmen
Isolierte Tatbestände	vernetzte Zusammenhänge
Vergangenheitsbezogen, da jede Norm das Ergebnis früherer Erfahrungen ist	gegenwarts- und zukunftsbezogen
Kein beziehungsweise fest abgegrenzter Handlungsspielraum	Handlungsspielraum offen; alternative Verhaltensweisen möglich
Eigene Urteilsfähigkeit nicht nötig, ja oft unerwünscht	Fähigkeit zu selbständigem Urteilen und Handeln ist Vorbedingung
denken abschalten	denken

Diese Gegenüberstellung erlaubt uns nun zu erkennen, wie oder was verhindert, daß überhaupt Verantwortung übernommen werden kann, und ermöglicht uns dann auch, die Folgerungen zu ziehen, wie eine Erziehung auszusehen hätte, um diese Widerstände und Hindernisse aus dem Weg zu räumen. Es wäre unsinnig, wenn ich nun versuchen wollte, alle möglichen Kombinationen aus dieser Gegenüberstellung vorzunehmen. Einige wenige Konsequenzen mögen genügen.

1. Pflichterfüllung entbindet von der Notwendigkeit des Denkens, da sich die Frage nach dem Sinn gar nicht stellt. Ich verweise auch hier wieder auf die Formulierung unseres Dienstreglementes: ›Der Wehrmann erfüllt seine Pflicht immer ganz, selbst dann, wenn er den Sinn seines Auftrages nicht zu erkennen vermag.‹ Verantwortung hingegen erfordert einen ständigen Denkprozeß. Verantwor-

tung übernehmen zu können, heißt also in erster Linie, *selbständig* urteilen und *selbständig* handeln zu können. Über die persönliche Handlungsfreiheit verfügen wir nur dann, wenn wir keinen fremdbestimmten Zwängen unterworfen sind. Und hier muß ich in erster Linie und immer wieder die sogenannten System- und Sachzwänge erwähnen, denen wir uns je länger je mehr ausliefern. Wenn wir eine Gemeinschaft verantwortungsbewußter Menschen sein wollen, geht es in erster Linie einmal darum, alles zu verhindern, was Sach- und Systemzwänge schafft, beziehungsweise alles zu unternehmen, um bestehende Sach- und Systemzwänge zu beseitigen.

2. Je wichtiger die Institution, desto mehr verschwindet die Verantwortung des einzelnen gegenüber dem Mitmenschen und der Umwelt.
   Dürfen wir so weit gehen und sagen: Damit wir Verantwortung übernehmen können, müssen wir die Institutionen überwinden?
   Auch aus diesem Grunde ist für mich die ganze Bewegung der Selbsthilfeaktionen, Gemeinschaftsaktionen, Bürgerinitiativen derart wichtig, weil es sich hier um Bestrebungen und Aktivitäten einzelner Menschen handelt, die nicht normiert, reglementiert, institutionalisiert sind, sondern die spontan entstehen und in denen man sich laufend um Gemeinsamkeiten, Gegenseitigkeiten, Verantwortlichkeiten auseinandersetzen, streiten muß.
3. Damit man Verantwortung übernehmen kann, also Beziehungen haben kann, muß man irgendwo

verwurzelt sein, einen Rahmen haben, irgendwo daheim sein, eine Heimat haben. Und allein schon unter diesem Aspekt ist die Aufforderung von Bundesrat Honegger[1], der Arbeiter müsse lernen, mobil zu sein, um dem heimatlosen Geld immer dorthin nachzureisen, wo das Kapital gerade wieder einige Menschen braucht, verantwortungslos. Dieser Spruch von Bundesrat Honegger (der sich ja selber geweigert hat, von Rüschlikon nach Bern umzuziehen, als er Bundesrat wurde) ist noch in anderer Beziehung von Bedeutung: Er zeigt, wie die sich an rein materiellen Werten orientierende Führungskraft auch vom Mitmenschen rein rationales Handeln verlangt und ihm jegliches Recht auf Emotionalität abspricht.

4. Erlaubt denn unser Gesellschafts- und Wirtschaftssystem überhaupt, Verantwortung übernehmen zu können? Unser Wirtschaftssystem, das ja auf unsere ganze Gesellschaft und besonders auch auf die Schule abfärbt, geht vom Prinzip des Eigennutzes aus. Das strikte Befolgen des Eigennutzes, das nötig ist, damit das Konkurrenzprinzip überhaupt funktionieren kann, verunmöglicht aber die Übernahme von Verantwortung. Verantwortung heißt nichts anderes als Rücksichtnahme.

   Noch schlimmer ist die Quantifizierung unseres ganzen Lebens. Pflicht läßt sich als etwas Äußerliches noch messen und deren Verletzung sich mit X Franken Buße oder Schadenersatz oder mit X Jah-

[1] Gegenwärtiger schweizerischer Wirtschaftsminister.

ren Freiheitsentzug kompensieren. Wie wollen Sie Verantwortung messen?
Ich erinnere mich an ein Gespräch im Militärdienst vor etwa zehn Jahren, als noch kaum jemand von der Wachstumsproblematik unserer Gesellschaft sprach. Ein mir zugeteilter Stabsoffizier erzählte von seiner beruflichen Arbeit und schilderte, wie er als Flugplatzplaner den Politikern verschiedene Ausbauvarianten zu unterbreiten habe. Auf meine Frage, ob er den Politikern auch die Variante ›kein Ausbau‹ unterbreiten werde, schaute er mich völlig konsterniert an: ›Genau das ist ja mein Problem. Aber wie soll ich denn Faktoren ‚kein Lärm', ‚keine Abgase', ‚kein zusätzlicher Verkehr' usw., also die Verantwortung gegenüber Mensch und Natur, in einen Auftrag einbauen, der von mir meßbare Ausbauvarianten verlangt?‹ Der Auftrag verunmöglichte dem Wissenschaftler, Verantwortung übernehmen zu können.
Wenn ein wesentlicher Bestandteil der Verantwortung darin besteht, die Interessen des Mitmenschen wahrnehmen zu können, dann stellt sich allerdings die schwierige Frage: Wie erkenne ich die wirklichen Interessen meines Mitmenschen? Wie falsch wir in dieser Beziehung laufen können, wurde mir vor einer Woche bewußt. Ich hatte die Freude, an einer 1.-Mai-Kundgebung die Ansprache halten zu dürfen. (Es war tatsächlich eine besondere Freude. Ich weiß allerdings nicht, ob Sie mich begreifen können, weshalb ein Saal voller Arbeiter wichtiger und dankbarer ist als ein Saal voller Akademiker.) Erfreulicherweise nahmen

an diesem Anlaß auch viele Gastarbeiter teil. Wir glauben, uns diesen Mitmenschen gegenüber dann besonders verantwortungsbewußt zu verhalten, wenn wir ihnen die Möglichkeit bieten, sich in unserer Gesellschaft so rasch als möglich zu assimilieren. Um so eindrücklicher war der Aufschrei eines Gastarbeiters an diesem Abend: ›Wir wollen uns doch gar nicht assimilieren! Wir wollen doch unsere Eigenart behalten. Wir wollen lediglich, daß Ihr uns in unserer Eigenart akzeptiert und daß Ihr uns wenigstens die elementarsten Rechte gebt, in der Gemeinschaft mit Euch zusammen mitbestimmen zu dürfen.‹ Und in der Tat: Was wäre denn mit der Schweiz geschehen, wenn das Ziel der Mehrheit immer darin bestanden hätte, so rasch als möglich die Minderheiten zu assimilieren? Es geht um Akzeptation, nicht Assimilation. Dies lediglich als ein Beispiel, wie gut gemeinte Verantwortung völlig falsch laufen kann, wenn wir glauben, von unserer Warte aus ohne gegenseitige Kommunikation die Interessen des andern zu erkennen.

5. Wer Verantwortung übernehmen will, muß die innere und äußere Freiheit und die Fähigkeit zur Kreativität haben, um sich Genormtem entziehen zu können. Suchen Sie die Fähigkeit zur Kreativität nicht am falschen Ort! Ein Kind ist in der Regel – wenn es nicht schon frühzeitig diszipliniert worden ist – fähiger zur Kreativität als die sogenannten Führungskräfte unserer Wirtschaft und damit Gesellschaft, die ja gerade deshalb Führungskräfte geworden sind, weil sie sich in ihren Denkwei-

sen und ihrem Verhalten in genormten, von einer stabilen Gesellschaft vorgegebenen Bahnen bewegt haben. Es ist eine böse Formulierung, aber sie trifft in der Regel zu: Sie werden im Großunternehmen oder in der Großorganisation Führungskraft, weil sie nicht kreativ sind, sonst wären sie längst auf Widerspruch und Widerstand gestoßen. Verantwortung tragen, heißt sich unbequem machen. Wenn Sie sich bewußt sind, daß eine der Voraussetzungen, um Verantwortung wahrnehmen zu können, die Fähigkeit zur Kreativität ist, dann sehen Sie auch, wie verantwortungslos der heutige Zwang zur Größe, zur Zentralisierung, zur Konzentration ist. Dieser Zwang führt nur dazu, daß die Zusammenhänge, die Abläufe, die Abhängigkeiten immer undurchsichtiger werden – und Verantwortung setzt doch Transparenz, Information, Wissen voraus. Noch schlimmer ist, daß große Gebilde organisiert, verwaltet, reglementiert werden müssen. Je mehr reglementiert wird, desto weniger ist es möglich, Verantwortung zu übernehmen. Reglemente machen verantwortungslos.

Sie können es auch umgekehrt formulieren: Wenn Sie Fähigkeit zum Denken, Fähigkeit zur Kreativität verhindern wollen, müssen Sie organisieren, schematisieren, administrieren. Administration können wir geradezu als Gegensatz zur Verantwortung bezeichnen. Administrieren heißt nun einmal reglementieren. Administrieren geht also vom geregelten Ablauf aus und nicht vom Inhalt, vom Sinn. Administrieren, verwalten, bürokratisieren ist damit unmenschlich

an sich, da es kreativfeindlich, phantasiefeindlich, emotionsfeindlich, freiraumfeindlich ist.
Ein normiertes Leben ist nicht verantwortbar.
Ein ›Verwalter‹, ein ›Administrator‹ kann nie Verantwortung übernehmen, da er sich immer auf die Reglemente, auf höher Stellen, auf die Revisoren usw. beruft. Er ist aber nicht nur selbst ›verantwortungslos‹, obschon er sich ständig auf seine Verantwortung beruft und dabei schlicht und einfach Verantwortung mit Unterordnung verwechselt, sondern er verhindert auch, daß die anderen Menschen in seinem Wirkungsbereich Verantwortung übernehmen können, da auch diese Menschen ausschließlich nach den Normen der Administration, der Verwaltung, der Bürokratie berurteilt werden.
Die Einhaltung von Reglementen und Normen gaukelt mir vor, meiner Verantwortung gerecht zu werden. Dabei entziehe ich mich durch diese Einhaltung von Normen der Verantwortung. Die Norm, die Anordnung verhindert, daß man sich die Frage nach der Verantwortung überhaupt stellt.
Noch krasser formuliert es Erich Fromm (Haben oder Sein, dva, Stuttgart 1976, Seite 184): ›Obzwar die Bürokraten weniger Abscheu erregen als reine Sadisten, sind sie gefährlicher als diese, da sie nicht einmal einen Konflikt zwischen Gewissen und Pflicht auszutragen haben: Ihr Gewissen *befiehlt* ihnen, ihre Pflicht zu tun; Menschen als Objekt des Mitgefühls und der Barmherzigkeit existieren für sie nicht.‹
Funktionieren ist der Gegensatz von Leben. Leben ist Konflikt. Funktionieren ist Konflikt-›Freiheit‹, was aber nichts anderes heißt, als daß Konflikte ver-

drängt statt ausgetragen werden. Und wie wollen Sie mit verdrängten Konflikten füreinander Verantwortung übernehmen können? Und wie wollen Sie mit verdrängten Konflikten wirkliche Demokratie leben können?

Auch hier nochmals ein Zitat von Erich Fromm: ›Für die Bürokraten ist in der Mitbestimmungsdemokratie kein Platz, denn der bürokratische Geist ist unvereinbar mit dem Prinzip aktiver Mitwirkung des einzelnen.‹

Verantwortung erfordert die Beseitigung der Bürokraten, der ›Administratoren‹. Wenn man sich einmal dieser krassen Gegensätze zwischen Pflicht und Verantwortung bewußt geworden ist, wird einem vieles in der heutigen gesellschaftspolitischen Auseinandersetzung klar. Die Psychologie unterscheidet zwischen dem konvergenten und dem divergenten Typus. Der konvergente Mensch ist der Pflichterfüller, der sich strikt an vorgegebene Normen hält und der – weil es ihm nur im Korsett solcher vorgegebener Normen wohl ist – alles daran setzt, daß diese Normen nicht verändert werden. Der divergente Mensch dagegen kann nur in einer offenen Gesellschaft leben. Das Wesentliche für ihn ist nicht die Norm, sondern die Idee. Nur der divergente Typ kann beispielsweise kreativ sein. Wir sollten heute in der gesellschaftspolitischen Auseinandersetzung nicht mehr zwischen links und rechts unterscheiden, sondern zwischen den konvergenten Typen, die allein schon aufgrund ihrer psychischen Strukturen zu nichts anderem in der Lage sind, als so weiterzumachen wie bisher, und den divergenten Typen, die sich als Bestandteil eines

gesellschaftlichen Prozesses verstehen. Statt von divergenten und konvergenten Menschen könnten wir an dieser Universität geradezu von Saner-Typen einerseits und Hofer-Typen anderseits sprechen.
Derjenige, der einfach seine Pflicht erfüllt, und derjenige, der versucht, seiner Verantwortung nachzukommen, leben in anderen Welten. Das Tragische für unsere Gesellschaft liegt nun aber darin, daß bei den starren Strukturen, die wir heute haben, nur der konvergente Typ sogenannt Karriere machen kann. Der heutige Karrieremann, der eine lange Erfolgsleiter hinter sich bringen muß, muß über Charaktereigenschaften verfügen, die in diametralem Gegensatz zu den Anforderungen der Verantwortung stehen. Der reine Pflichterfüller muß kaltschnäuzig, ja geradezu brutal sein, um allfällig auftauchende Gefühle der Verantwortung, die ihn in seiner Pflichterfüllung ja höchstens hindern könnten, zu verdrängen.
Unsere starren Strukturen führen dazu, daß an den Schaltstellen unserer Gesellschaft die reinen Pflichterfüller sitzen, die der Vergangenheit verhaftet sind, die wegen sich selbst Ruhe und Ordnung zur obersten Staatsmaxime erheben müssen und die außerstande sind, echte mensch- und naturbezogene Verantwortung zu übernehmen.
Die Unterscheidung von konvergenten und divergenten Typen macht noch eine andere Tatsache erklärlich. Erfahrungen in den Konzentrationslagern der Deutschen haben gezeigt, daß es nur die divergenten Typen waren, die diese unvorstellbare Situation bewältigten und die Chance hatten, sich selbst nicht aufzugeben und damit zu überleben. Sobald eben

dem konvergenten Typus sein gewohnter Rahmen, seine Normen und Regeln genommen werden, fällt er zusammen. Er ist nicht fähig, sich selbst gegenüber verantwortlich zu sein, da er ja nicht fähig ist, Widerstand zu leisten. Auf die gleiche Erscheinung treffen wir auch in andern Krisensituationen, wie beispielsweise während einer Okkupation oder während eines totalitären Regimes. Auch hier ist es die Regel, daß der Widerstand von jenen getragen wird, die man früher zu Außenseitern und Nonkonformisten gestempelt hatte. Die Konformisten, die Konvergenten passen sich an, übernehmen die neuen Normen, da sie ohne solche von außen kommenden Normen gar nicht existieren können. Ist es nicht grotesk: Jene Leute, die in den Normalzeiten von den sogenannten staatserhaltenden Kreisen als staatsgefährdend diffamiert werden, erweisen sich in den Zeiten, wo es dann wirklich darauf ankommt, als die einzigen noch tragenden Kräfte. Sie fühlen sich eben nicht einem abstrakten, nun untergegangenen Staat gegenüber verpflichtet, sondern sich selbst und einer Gemeinschaft gegenüber verantwortlich, und damit den Prinzipien gegenüber, die eine Gemeinschaft erst möglich machen und derentwegen sie vorher von den Konvergenten diffamiert worden waren.

Was heißt das alles für Schule und Universität?

Führen wir uns doch noch einmal die Gegenüberstellung von Pflicht und Verantwortung vor Augen. Die entsprechenden Fragen stellen sich von selbst:

- Erziehen wir die Kinder zur Selbstbestimmung? Wenn Selbstbestimmung die Voraussetzung ist, um Verantwortung überhaupt erkennen und wahrnehmen zu können, sollte dann nicht *dies*, die Fähigkeit zur Selbstbestimmung, höchstes Ziel jeder Erziehung sein?
- Wenn die Normierung und Reglementierung der Übernahme echter Verantwortung im Wege steht, sollten wir dann nicht die Kinder dazu fähig machen, Normen und Reglemente in Frage zu stellen, das heißt rebellieren zu können?
- Wie schaffen wir die Voraussetzungen, damit der einzelne Mensch überhaupt in der Lage ist, selbst und selbständig zu urteilen, zu entscheiden und zu handeln? Sorgen wir an der Schule und vor allem an der Hochschule nur schon für die umfassende Information, die für ein selbständiges Urteilen notwendig ist?
- Wie schulen wir in einer konvergenten Gesellschaft die Fähigkeit, divergent zu sein?
- Was müssen wir tun, damit in der heutigen Wissenschaft, vor allem in den Naturwissenschaften und der Technik, die Emotion wieder zur Geltung kommt?
- Schulen wir die Kinder dafür, in erster Linie solidarisch sein zu können, oder bewirken wir mit dem Konkurrenzprinzip, das der heutigen Auslese zugrunde liegt, nicht genau das Gegenteil?
- Kann der Lehrer, kann der Dozent die Schüler und Studenten zur Solidarität führen, nachdem er selber ja nicht gelernt hat, in einer Gruppe und für eine Gruppe zu leben und zu arbeiten? Wie sollte

die Lehrerausbildung aussehen, wenn sie die Lehrer fähig machen sollte, Solidarität selber zu erleben und weiterzugeben?

- Wie überwinden wir das verhängnisvolle Ursache/Wirkung-Denken an unseren Hochschulen? Wie wollen wir den Studenten vernetztes Denken beibringen, wenn sich die Dozenten immer noch mehr spezialisieren und damit isolieren?
- Sind Ausleseprinzipien denkbar, bei denen die *Emotionsfähigkeit* des Schülers, die *Fähigkeit*, für den Mitschüler Verantwortung zu übernehmen, die innere *Freiheit*, sich hintanzustellen, entscheidender sind als die schöne Schrift, das saubere Heft und das Ruhigsitzen?
- Wenn wir uns bewußt sind, daß Pflichterfüllung den Menschen zum Verbrecher machen kann – und die schlimmsten Verbrechen dieses Jahrhunderts geschahen und geschehen im Zeichen der Pflichterfüllung –, dürfen wir dann den Kindern weiterhin beibringen, daß Pflichterfüllung einer der Grundwerte menschlicher Existenz sei, oder sollten wir ihnen nicht beibringen, sich der Pflicht entziehen zu können, wenn die Verpflichtung nicht in eigener Kompetenz und in voller Freiheit eingegangen wurde?
- Wie soll der Schüler lernen, daß Pflichten nur erfüllt werden dürfen, wenn die Folgen der Pflichterfüllung für ihn persönlich verantwortbar sind? Wie soll er lernen, daß Verantwortung wichtiger ist als Pflicht, ja daß Verantwortung Pflicht bricht?
- Wie kommen wir in Schule und Auslese vom verhängnisvollen IQ-Denken weg, nachdem Intelli-

genztests ja nur die Pseudointelligenz des konvergenten Typs messen, also jene genormte ›Intelligenz‹, die der Verantwortung im Wege steht?

- Bringen wir den Schülern bei, Konflikte auszutragen statt zu verdrängen?
- Ist denn Verantwortung erkennen und wahrnehmen nicht einfach die Fähigkeit, Gewalt zu verhindern und statt dessen zu lieben?

Erziehen wir unsere Kinder in der Schule zur Liebe? Tun wir das?

Wahrheit oder Wirklichkeit

Ich sei ein geistiger Krüppel, stellte eine meiner Mitarbeiterinnen fest, als wir im Institut über diesen Vortrag sprachen. Ich verfügte nicht über die philosophischen Grundlagen, die es mir erlauben würden, zum Thema Wahrheit sprechen zu dürfen. Meine ganze humanistische Ausbildung tauge nichts mehr. Ich sei nicht in der Lage gewesen, meinen privaten und beruflichen Entwicklungen die entsprechenden philosophischen Überlegungen zugrunde zu legen. Alles, was ich damals gelernt hätte, hätte ich vor allem im Berufsleben verdrängen müssen. Meine Mitarbeiterin hatte völlig recht, wobei sie diese Unfähigkeit allerdings nicht nur auf mich persönlich bezogen hatte. Sie brachte damit zum Ausdruck, daß wir in unserer Gesellschaft die Fähigkeit verloren haben, uns selber in unserer ganzen Komplexität zu begreifen. Eine Gesellschaft, die auf Haben ausgerichtet ist, ist nicht fähig, sich Seins-Fragen zu stellen.

Sie wissen, weshalb mir trotz dieser Vorbehalte nichts anderes übrig blieb, als der von Ihnen vorgeschlagenen Formulierung zuzustimmen. Man kann nicht zwei Vorträge unter den Titel ›Der Lehrer zwischen Lüge und Wahrheit‹ stellen und sich nachher vor der Frage drücken, was man denn unter Wahrheit nun verstehe. Da mir die philosophischen Grundla-

Der Originaltitel lautete: ›Erziehung zur Wahrheit‹ – Vortrag vor dem Lehrerverein Appenzell/Kantonalkonferenz Teufen in Speicher, 14. Juni 1979.

gen fehlen, will ich ganz pragmatisch vorgehen und einige der konkreten Schwierigkeiten zeigen, die sich uns stellen, wenn wir über Wahrheit in der Schule sprechen wollen.

Eine erste Frage: Wenn Sie von Wahrheit sprechen, meinen Sie dann das, was Sie für wahr halten, oder meinen Sie das, was Sie als Tatsache erleben? Wahre Wirklichkeit oder wirkliche Wahrheit?
Hierzu drei Beispiele:
Beispiel 1: Ich zitiere aus einem Lehrbuch für Manager über Verhandlungstechnik folgende Kapitelüberschriften:
›Den Gegner reizen und so um sein ruhiges Denken bringen.
Durch endlose Begriffserklärung ein klares Gespräch verhindern.
Anerkannte Autoritäten schief zitieren.
Mit nicht-nachkontrollierbaren Indizien arbeiten.
Im Notfall mit der Wahrheit sparsam umgehen.
Mit Drohungen arbeiten.
Bluffen.‹ (Anton Stangl, ›Verhandlungs-Strategie‹, Econ, Düsseldorf 1978.)
Das Buch zieht folgendes Fazit: ›Es kommt viel weniger auf das an, was ist, als auf das, was geglaubt wird. Das ist wichtiger als Wahrheit und Recht.‹
Sie kämen doch nicht auf die Idee, Ihre Kinder zu erziehen, bluffen und lügen zu können, den andern hinters Licht zu führen, im andern einen Gegner zu sehen, den man bezwingen muß? Was machen Sie dann aber, wenn dies nicht der Wirklichkeit entspricht?

Ziehen Sie dann nicht Versager heran, die der Brutalität wirtschaftlicher Auseinandersetzungen nicht gewachsen sind?

Beispiel 2: Einem Sachbuch für und über das moderne Management entnehme ich folgende Charaktereigenschaften des kreativen Unternehmers:

›Egoismus, Eitelkeit, Eigennutz, Verlangen nach Anerkennung, leichte Verletzlichkeit.‹ ›Ein leichter bis ausgeprägter Verfolgungswahn scheint ebenfalls mit dieser Art Ego einherzugehen, ein Gefühl, daß alle diejenigen, die nicht vernichtend geschlagen werden, sich in gemeinsamem Haß als Feinde verbünden.‹ (Antony Jay, Management und Machiavelli, Econ Düsseldorf 1968, S. 150/151.)

Gaukeln Sie Ihren Schülern nicht völlig unwahre Verhältnisse ›im Leben draußen‹ vor, wenn Sie versuchen, die Kinder zur Rücksichtnahme, zu Solidarität, zu Altruismus zu erziehen? Oder konfrontieren Sie die Kinder mit der Wirklichkeit? Bringen Sie ihnen also bei, egoistisch, ehrgeizig usw. sein zu müssen?

Beispiel 3: Vor einigen Wochen verlieh die Hochschule St. Gallen anläßlich eines Management-Symposiums den Max-Schmidheiny-Preis. Die Laudatio hielt Alt-Bundesrat Brugger. Der Preis wurde verliehen für besondere Verdienste um die freiheitliche Wirtschafts- und Gesellschaftsordnung. Ein Preisträger war Robert Moss, einer der publizistischen Wegbereiter der Ermordung Allendes und der Beseitigung einer demokratisch gewählten Regierung durch eine faschistische Diktatur in Chile. Wenn beides wahr ist – Verherrlichung der Militärdiktatur einerseits und Auszeichnung für Verdienste um eine

freiheitliche Ordnung anderseits –, dann ist nur eine Konsequenz möglich, also wahr: eine freiheitliche Wirtschaftsordnung ist in sich faschistisch. Stimmt es also, daß die Grundsätze der sogenannten freiheitlichen Wirtschaftsordnung wie Leistungszwang, Dominanz des Stärkeren, quantitative Ausleseprinzipien faschistisch sind? Oder war die Laudatio falsch? Hat also Alt-Bundesrat Brugger nicht die Wahrheit gesagt? Weshalb?
Wahrheit als Realität?
Wahrheit als Behauptung?
Wahrheit als logische Folge?
Wahrheit als Wertmaßstab?
Wahrheiten, die sich widersprechen, sich ausschließen, sich aufheben?
Zu welcher Wahrheit wollen Sie erziehen?

Kein Mensch will seine Kinder, seine Schüler zum Lügen erziehen. Worin besteht dann aber die Wahrheit, zu der sich das Kind – schon als Kind und erst recht als Erwachsener – bekennen muß und die es vertreten soll? Wann ist die Aussage oder das Verhalten eines Kindes eine Lüge, für die es bestraft wird? Wer entscheidet darüber, ob das Kind lügt oder die Wahrheit sagt? Wenn der Manager dazu angehalten wird zu lügen, wenn die Wahrheit, die wir dem Kind beizubringen versuchen, nicht der Wirklichkeit entspricht, wenn hochoffizielle Anlässe in sich vielleicht schon lügenhaft sind, wofür wird das Kind dann bestraft?

2. Frage: Wenn wir irgendein Wort verwenden, einen Ausdruck gebrauchen, mit einem Begriff argumentieren, meinen wir dann alle das gleiche?
Vielleicht meint Alt-Bundesrat Brugger mit einer freiheitlichen Ordnung etwas völlig anderes als ich; vielleicht versteht er darunter einfach eine nichtmarxistische Ordnung, auch wenn sie faschistisch ist. ›Der Turm ist hoch.‹ Eine solche Aussage empfinden wir als unproblematisch. In erster Linie dürfte es keine allzugroßen Schwierigkeiten bereiten, sich darüber zu einigen, was ein Turm ist. Auch wird das Wort allein keine allzu unterschiedlichen Gefühle auslösen. Verstehen wir aber alle dasselbe, wenn ich von einem ›Entsorgungspark‹ spreche? Weshalb sprechen wir nicht einfach von einer Atommüll-Deponie? Weil man ganz bewußt einen Ausdruck kreiert hat, der mit den Begriffen ›Sorge‹ und ›Park‹ ganz andere Emotionen auslöst als die den Tatsachen entsprechenden Worte Atom – Abfall oder Müll – Deponie. Oder denken Sie daran, wie vor einigen Jahren aus Atomkraft plötzlich Kernkraft werden mußte! Der erste Konflikt zwischen Wahrheit und Lüge liegt schon in der Terminologie. Primäre Voraussetzung, wahr sein zu können, besteht darin, daß wir die gleichen Worte brauchen und daß wir uns bewußt sind, wieviel allein mit der Terminologie verschleiert und manipuliert werden kann. Bestünde nicht ein wichtiger Schritt allein schon darin, gewisse Dinge wieder beim Namen zu nennen? Eine Aussage – auch wenn sie der Wirklichkeit entspricht – in Worte zu kleiden, die der Gesprächspartner nicht erfassen kann, ist eine besonders perfide Art, nicht die Wahrheit zu sagen.

Wenn der Arzt den Patienten mit dem Medizinerlatein mundtot macht oder der Soziologe den Gewöhnlichsterblichen mit seinem Fachchinesisch erschlägt, dann ist die Argumentation nicht mehr wahr, da sie gar nicht wahrnehmbar ist. (Interdisziplinäres Arbeiten ist ein modernes Schlagwort. Man will damit die Nachteile der extremen Spezialisierung in der Wissenschaft überwinden. Dieser Forderung will man dadurch Rechnung tragen, daß an einem Projekt oder Problem Vertreter verschiedener Wissenschaften arbeiten. Dies ist eine völlige Illusion, weil allein schon aufgrund der Terminologie es nicht möglich ist, sich verständlich zu machen oder die Überlegungen des andern wahrzunehmen. Es ist dem einen Spezialisten nicht möglich, sich dem andern Spezialisten mitzuteilen und ihm glaubhaft zu machen, was er aus seiner Sicht für wahr hält. Denken Sie selbst im Schulbereich an die Gefahr, daß Sie sich als Lehrer einer Terminologie bedienen, die Kindern aus sozial benachteiligten Kreisen unter Umständen nicht zugänglich ist?)
Kommen wir zurück zum Satz: Der Turm ist hoch. Er könnte ja auch neben einem Hochhaus stehen und deshalb ein niedriger Turm sein; er ist aber wahrscheinlich trotzdem noch hoch, verglichen mit gewöhnlichen Häusern. Im ganzen Bereich der sogenannten objektiven Feststellungen müssen wir also in der Lage sein, jedesmal die entsprechenden Vergleichsgrößen zu finden. Das tönt furchtbar banal. Es ist aber wesentlich. ›Atomkraft ist harmlos.‹ Diese Aussage kann gar nicht wahr sein, weil die Vergleichsgröße fehlt. Die Aussage stimmt, wenn negati-

ve Eigenschaften anderer Energiequellen mit diesen Eigenschaften der Atomkraft verglichen werden.
Atomkraft hat jedoch eine völlig neue Dimension gebracht: Die Strahlung mit einem Gefährdungspotential, das Millionen von Menschen und Tausende von Jahren betrifft. Und diese Dimension läßt sich nicht vergleichen.
In diesem Zusammenhang ist noch ein anderer Faktor zu beachten. Nehmen Sie als banales Beispiel eine Verkaufsaktion ›3 für 2‹ mit dem Slogan: ›Sie fahren günstiger!‹ Die Aussage scheint wahr zu sein, denn ich muß ja für drei Produkte nur den Preis von zwei bezahlen. Daß der Slogan trotzdem unwahr ist, merkt man erst, wenn man sich bewußt geworden ist, daß man nun ja das Doppelte dessen bezahlt hat, was dem eigenen Willen entsprochen hätte. Ich wollte ja nur ein Stück kaufen. Mein Wille ist der Suggestivwirkung des Werbeslogans erlegen. Die Aussage ist, obschon rein formell wahr, eine manipulative Information und damit unwahr. Um etwas als Wahrheit akzeptieren zu können, muß ich in meinem Urteil und meinem Willen frei sein, weil mir sonst der echte Vergleichsmaßstab fehlt. Verlassen wir das Gebiet der einfachen Terminologie und der ›objektiven‹ Tatsachen und kommen wir zu den abstrakten Begriffen. Nun wird es deshalb schwierig, weil wir uns über bestimmte Begriffsinhalte einigen müssen.
›Der Schweizer ist frei.‹
›Es geht uns so gut wie noch nie.‹
Sind denn solche Feststellungen – die als angebliche Tatsachen von uns kaum mehr in Frage gestellt werden dürfen – wahr oder unwahr? Ist Freiheit oder

Wohlstand oder Glück denn meßbar? Solche angebliche Fakten können doch nur subjektive Empfindungen sein:
›Ich fühle mich frei.‹
›Ich habe das Gefühl, es gehe mir so gut wie noch nie.‹
›Ich fühle mich glücklich.‹
Bei all diesen Feststellungen sind die Erfahrung, die Unmittelbarkeit, das persönliche Betroffensein das Entscheidende. Sobald man versucht, solche Feststellungen zu verallgemeinern, tritt an die Stelle der individuellen subjektiven Empfindung das gesellschaftliche Credo. *Meine* Wahrheit wird zur allgemein gültigen Wahrheit. Die Behauptung wird Tatsache. Sie muß es sein, da die Gesellschaft beziehungsweise das System sich damit legitimiert. Die Behauptung wird zu einem Wert an sich. Wer die Frage nach dem Inhalt stellt, greift das System an. Überlegen Sie sich einmal, wie Sprichwörter nichts anderes sind als Behauptungen, die durch ihre ständige Wiederholung als Tatsachen eingetrichtert werden sollen, weil es das System so braucht. Viele von Ihnen vermitteln den Spruch ›Si vis pacem para bellum‹ (›Wenn du den Frieden willst, bereite den Krieg vor‹) ihren Schülern als unumstößliche Tatsache. Nach diesem Grundsatz leben doch angeblich seit jeher alle Nationen – mit dem Ergebnis, daß die Menschheit seit Jahrhunderten nie mehr aus dem Krieg herausgekommen ist und daß wir wohl noch nie so viele Kriege hatten wie heute. Aber wir rüsten wie besessen weiter auf und liefern Waffen in alle Welt – um den Krieg zu verhindern!
›Der Schweizer ist frei.‹ Wenn Sie fragen, worin denn nun diese Freiheit bestehe, wird man Sie auf die ver-

fassungsrechtlich garantierten Freiheitsrechte verweisen. Wenn Sie dann geltend machen, daß diese Rechte, die mich vor Übergriffen des Staates schützen sollen, längst durch die heutige totalitäre Wirtschaft außer Kraft gesetzt worden seien, wird es heißen: Sie können ja gehen! Das ist ja das Wichtigste an unserer Freiheit, daß wir jederzeit die Stelle oder den Wohnort wechseln können. Gehen Sie einmal in den Osten! – wird es heißen. Besteht die Freiheit also darin, daß der Computermann von IBM zu Siemens, die Kassiererin von einer Coop-Kasse an eine Migros-Kasse, der Arbeiter von einem GF- an ein SIG-Fließband wechseln kann, daß man von einer Göhner-Wohnung in Zürich in eine Göhner-Wohnung in St. Gallen umziehen oder daß man ein ›Hamburger-Steak‹ statt in der Silberkugel in Basel, im Migrolino in Bern essen kann? Wäre echte wahre Freiheit denn nicht etwas ganz anderes? Nämlich die innere Fähigkeit und äußere Möglichkeit, in einem sozialen Rahmen über sich selbst verfügen, über sich selbst bestimmen zu können? Bietet dann aber eine Gesellschaft, deren Vermögen und damit Kapitalmacht sich immer stärker konzentriert, deren Entscheidungsstrukturen sich immer stärker zentralisieren, deren Mechanismen immer noch ärgere Sach- und Systemzwänge schaffen, die Voraussetzungen, um in diesem Sinne echt frei zu sein oder zu werden?
Wie steht es mit dem Wohlstand? Geht es uns gut, weil wir über so viele materielle Güter verfügen wie noch nie, oder geht es uns immer schlechter, weil das, was wir als Lebensqualität bezeichnen, ständig abnimmt?

Haben wir Demokratie, weil wir hie und da ja oder nein sagen und alle vier Jahre zwischen verschiedenen Vertretern von Parteien, die nur noch 6% der Schweizer Bevölkerung für sinnvoll halten, wählen dürfen, oder haben wir keine Demokratie, weil wir vom politischen Meinungsbildungsprozeß praktisch ausgeschlossen sind und weil ja nur der kleinste Teil unserer Lebensbereiche nach demokratischen Grundsätzen geregelt ist? Leben wir in einem Rechtsstaat, weil jeder theoretisch vor dem Gesetz gleich ist und jeder die Möglichkeit hat, sein Recht durchzusetzen, oder leben wir in einem Unrechtsstaat, weil nur jener diese Möglichkeiten hat, der über mindestens gleich viel Geld verfügt wie der andere, und weil man nur dann die gleichen Rechte hat, wenn man so denkt, redet, handelt wie derjenige, der über die Macht verfügt? Wird der Inhalt eines Begriffs dann aber nicht einfach zur Machtfrage?
Diese scheinbaren Widersprüche bedeuten eben etwas ganz anderes. Auf der einen Seite handelt es sich um die formellen oder institutionellen oder auch juristischen Aspekte eines Begriffs, und auf der anderen Seite steht der individuell erlebte und erlebbare Inhalt eines Begriffs.

Damit kommen wir zur dritten Frage: Kann das Formale, die Norm, das Gerüst bereits das Wahre sein, oder sollten wir nicht in erster Linie die Frage nach dem Inhalt eines Begriffes stellen?
Das war nun der ganze Konflikt um meine sogenannten Lehrervorträge, die unter dem Titel ›Der Lehrer zwischen Lüge und Wahrheit‹ standen. Ich versuchte

aufzuzeigen, daß deklamierte Begriffe noch nicht wahr sein müssen, während die Leute, die heute das Sagen haben, allein aufgrund der formellen Struktur oder der juristischen Regelung als Wahrheit für sich beanspruchen: Wir haben Demokratie, wir haben einen Rechtsstaat, wir haben Freiheit usw. usf. Fakten, die der Form nicht entsprechen, werden zurechtgebogen oder so interpretiert, daß sie ins deklamierte System passen oder – was noch viel häufiger passiert – sie werden verdrängt, weil sonst das System geändert werden müßte. Wer die Fakten zeigt, ist der Lügner – haltet den Dieb! Doch damit kommen wir zurück zur ersten Frage: Ist die Wirklichkeit denn die Wahrheit oder das Bekenntnis, also das, was wir als das Wahre erstreben? Nehmen Sie die Gegenüberstellung auf Seite 160, wo wir die Prinzipien, die einem demokratischen und christlichen Bekenntnis entsprechen würden, mit der Realität vergleichen.
Liegt dann eben nicht in der Utopie die wirkliche Wahrheit? Mein früherer Chef und Lehrmeister, Gottlieb Duttweiler, meinte dasselbe, wenn er sagte: »Der Phantast ist der wahre Realist.« (Utopie oder Phantasie ist nicht unsinniges Hirngespinst, sondern realisierbare Vision.) Besteht denn nicht die Wahrheit darin, zu zeigen, welche ›utopischen‹ oder ›phantastischen‹ Inhalte unsere Begriffe, Bekenntnisse, Werte hätten, und einzugestehen, wie weit wir davon entfernt sind, sobald wir die Form nicht mit dem Inhalt verwechseln? Nochmals: Begriffsinhalt kann nur das individuell Erlebbare sein. Damit ist aber auch gesagt, daß der Inhalt eines Begriffs sich ständig wandelt. Der Inhalt der Wahrheit entspricht dem mo-

mentanen Bewußtsein, und so, wie das Bewußtsein einem ständigen Prozeß unterworfen sein muß, so ist auch die Wahrheit ständig sich wandelndes Ergebnis dieses Prozesses. Den Inhalt eines Begriffes allgemeingültig definieren, also endgültig festlegen zu wollen, ist an sich schon wahrheitswidrig. Der Wahrheit verpflichtet zu sein heißt, dem notwendigen Bewußtseinsprozeß zugänglich zu sein und ihn in Gang zu halten.

Und doch: Das individuelle Erleben eines Begriffes reicht nicht aus, was uns zur vierten Frage führt: Wie entsteht aus dem individuellen Erleben ein gemeinsamer, allen inhaltlich in gleicher Weise verständlicher Begriff?
Wir wollen uns doch mitteilen. Begriffe sind doch Verständigungsmittel. Eben ja: Verständigung, Kommunikation. Die Wahrheit eines Begriffes besteht also darin, sich zu verständigen und zu kommunizieren. Wie wollen wir uns über einen Begriff verständigen, wie wollen wir zu einem Konsens über einen Begriff kommen, wenn wir nicht kommunizieren können? Suche nach Wahrheit ist die Fähigkeit zur Kommunikation. Kommunizieren kann ich nur dann, wenn ich fähig und bereit bin, meine Position offenzulegen und zu vertreten und diejenige des Gegenübers zu erkennen. Erster Schritt der Kommunikation ist die Auseinandersetzung. Konfrontation im Sinne der Auseinandersetzung wird damit zu einem wesentlichen Bestandteil des Strebens nach Wahrheit. Sind wir denn noch fähig zu einer solchen Konfrontation? Oder verwechseln wir nicht Konfronta-

tion mit Unversöhnlichkeit? Konfrontation ist heute gleichbedeutend mit Einnahme von unveränderlichen Positionen; die Lösung kann nur in der Unterdrückung der einen Seite oder im Kompromiß, im Kuhhandel bestehen. Der Konflikt wird unterdrückt oder verdrängt. Echte Konfrontation im Sinne der Auseinandersetzung sucht den Konflikt, um ihn zu analysieren und dann zu bewältigen. Wie wollen wir aber fähig sein, Konflikte auszutragen, wenn Andersdenkende von vorneherein diffamiert, mit Berufsverbot belegt, ausgeschlossen werden? Wer den Konflikt verdrängt, scheut die Wahrheit.

Bleiben wir noch einen Moment bei dem Gedanken, daß Begriffe etwas völlig Verschiedenes sein können, je nachdem, ob wir ihre äußere Form, ihre juristische Struktur, ihre normierte Fixierung oder deren Inhalt meinen. Wir kommen damit auf eine ähnliche Gegenüberstellung wie auf Seite 178.
Die Begriffe Verantwortung und Pflicht lassen sich geradezu durch die Begriffe Wahrheit und Recht ersetzen, wobei ich unter Recht wiederum nicht den philosophischen Begriff oder das Rechtsempfinden, sondern die legiferierte Norm, das heißt also die Verfassung, das Gesetz oder die Verordnung, verstehe. Machen Sie doch die Probe aufs Exempel: Ist nicht die Rechtsnorm das Äußere, die Wahrheit das Innere? Ist nicht das Wesentliche am Recht die Durchsetzbarkeit; wie wollen Sie aber Wahrheit durchsetzbar machen? Ist nicht die Rechtsnorm eine isolierte Fixierung eines Tatbestandes, während Wahrheit nur vernetzt sein kann, da eine isolierte Wahrheit sich

plötzlich nicht als wahr herausstellt, sobald ich sie in ihrem Zusammenhang betrachte? Das Wichtigste an der Gegenüberstellung ist, daß genauso wie Verantwortung und Pflicht diametral auseinandergehen können, dies auch bei Wahrheit und Recht der Fall sein kann. Wo liegt die Priorität, wenn sich Verantwortung und Pflicht, Wahrheit und Recht widersprechen? Kann es bei Verantwortung und Pflicht eine Diskussion geben, nachdem die grauenhaftesten Verbrechen dieses Jahrhunderts unter Berufung auf die Pflicht geschahen und geschehen? Wie steht es bei Wahrheit und Recht, wenn uns das Recht vom Richtigen abhält?

Sie kennen wahrscheinlich alle den Fall Adams, jenes Angestellten der Firma Hoffmann-La Roche, der die Lügen dieser Firma hinsichtlich der Preisgestaltung gewisser Produkte nicht mehr aushielt und den zuständigen Instanzen der Europäischen Gemeinschaft die entsprechenden Unterlagen lieferte. Adams wurde in der Schweiz dafür, daß er die Wahrheit ans Tageslicht gebracht hatte, verurteilt, da das schweizerische Recht die Geschäftsinteressen, das heißt das Geschäfts- beziehungsweise Preisgeheimnis der Firma Hoffmann-La Roche für wichtiger nimmt als die Wahrheit.

Noch schwieriger wird der Konflikt im folgenden Fall: Nehmen Sie an, Sie hätten während des Zweiten Weltkrieges in der Schweiz jüdische Flüchtlinge bei sich zuhause versteckt. Die Polizei klopft an Ihre Türe und will Auskunft. Ihre sogenannte ›ehrliche‹ Antwort hätte dazu geführt, daß die Leute über die Grenze gestellt und dem sicheren Tod in einem KZ ausgeliefert worden wären. Wenn eine Rechtsnorm derart pervers ist, daß sie Leute in den Tod schickt, ist dann nicht die Lüge die Wahrheit?

Gehen wir noch einen Schritt weiter:
Nehmen wir einmal an, wir hätten uns über die Terminologie geeinigt, wir hätten Vergleichsmaßstäbe für objektive Tatsachen gefunden und es wäre uns gelungen, uns dank Konfrontation und Kommunikation über die materiellen Begriffsinhalte zu einigen. Haben wir damit das Problem gelöst?
Ein Beispiel: Ein Lehrer einer Zürcher Vorortgemeinde toleriert im Schullager, daß die Mädchen und Knaben im gleichen Raum schlafen, ja es heißt, er hätte sie geradezu ermuntert, zusammen zu schlafen. Der Chefarzt des großen Zürcher Spitals, der mir den Fall erzählt, gibt folgende Erläuterung dazu: Der Lehrer sei ein Linker. Durch seine Maßnahmen wolle er das intakte Familienleben in der Gemeinde zerstören und damit die Gesellschaft reif zur Revolution machen. Für diesen Arzt gab es keinen Zweifel über die Motivation des Lehrers.
Und damit sind wir bei einem weiteren Wahrheitsaspekt angelangt und damit bei der fünften Frage: Wie interpretiere oder bewerte ich ein Ereignis?
Damit haben wir den ganzen Bereich von Vorurteil, Prestige, Position, wirtschaftlichem Interesse und Macht angeschnitten. ›Wahr ist, was in mein ‚Bildchen‘ paßt.‹
Wie kommt denn dieses ›Bildchen‹ überhaupt zustande? Unzählige Faktoren können mitspielen: Milieu, Erziehung, persönliche Erlebnisse, Rollenfixierung,

Gewohnheit führen dazu, daß wir ein Ereignis auf die eine oder andere Art interpretieren und bewerten. Problematisch oder sogar verhängnisvoll wird es erst dann, wenn ich mein Bildchen aufgrund einer bestimmten Machtposition konstruiert habe und dann diese Macht einsetze, um das Bildchen zum Stimmen zu bringen. Und das ist genau die Erscheinung, die unser heutiges gesellschaftspolitisches Leben derart vergiftet. Dies ist wahrscheinlich eines der größten Hindernisse überhaupt, daß wir miteinander nach Wahrheit suchen können. Sobald etwas nicht in mein selbst konstruiertes Weltbild paßt, tritt Macht – in jeder nur denkbaren Form – in Aktion.
Hierzu wieder ein Beispiel: Der einzige Zweck des Bankgeheimnisses besteht darin, nach Belieben lügen zu können. Diese Tatsache ist unbestritten; man versucht lediglich, durch alle möglichen Scheinheiligkeiten diese Tatsache zu kaschieren oder zu rechtfertigen. Zurzeit läuft in der Schweiz eine Volksinitiative, um das Lügen nicht mehr so einfach zu machen beziehungsweise für einzelne Tatbestände zu verunmöglichen. Die Kirche kann meines Erachtens selbstverständlich keine andere Haltung einnehmen, als diese Initiative zu unterstützen, würde sie sich doch sonst zur Lüge bekennen. Als vor wenigen Monaten ein Mitarbeiter der Entwicklungsorganisation ›Brot für Brüder‹ in Basel diese Zusammenhänge darlegte, traten ein reicher Basler und, auf seine Veranlassung, weitere rund zwanzig Herren aus der Kirche aus und entzogen ihr damit jährliche Steuern von rund 450 000 Franken. Gleichzeitig wurde in Zürich die Entlassung des Referenten gefordert. Als der Prä-

sident des Basler Kirchenrates den ausgetretenen Herrn Iselin inständig bat, auf seinen Entschluß zurückzukommen, berief sich Herr Iselin auf seine Prinzipien als früherer Regimentskommandant, ein Kommandant komme nie auf einen einmal gefaßten Entschluß zurück – der Präsident des Kirchenrates war sein damaliger Feldprediger und wußte damit, was er zu tun hatte. »Merken denn die kirchlichen Behörden wirklich nicht, wie ihre Institution systematisch unterwandert wird und wie die Kirche schamlos von Aktivisten jedwelcher Observanz mißbraucht wird?« – so lautete die Stellungnahme von Herrn Iselin, damit sein ›Bildchen‹ wieder stimmte. Man mußte sich nicht mit dem Problem auseinandersetzen.

Also Kapitalmacht gepaart mit gesellschaftlicher Hierarchie, um so ein Ereignis wahrheitswidrig interpretieren zu können.

Welche Rolle spielt denn die Macht in unserem Suchen nach Wahrheit? Weshalb getrauen wir uns nicht, die Rolle der Macht in unserer Gesellschaft darzustellen? Machtausübung ist ja ein direkter Gegensatz zur Wahrheitsfindung. Wie bringen Sie Ihren Schülern das Machtproblem bei? Wie lösen Sie selbst das Machtproblem? Kann das Kind Macht überhaupt erkennen? Kann es sich der Macht entziehen, wenn es wahr sein will? Oder kann es nur seinerseits wieder mit Macht, das heißt Gewalt, reagieren, sofern es sich nicht in die Neurose zurückzieht?

Wir müssen aufpassen: Die heutige Jugend gibt sich angepaßt. Gehorsam, Schweigsamkeit, Sich-Einordnen sind nicht Zeichen von Einverständnis, sondern resigniertes Abwehrverhalten gegenüber Macht. Wir sind uns dessen nicht bewußt, weil Macht in starren Strukturen kaum feststellbar ist. Wie sehr Macht der Wahrheit im Wege steht, ergibt sich schon daraus, daß zur Macht die Angst gehört. Es ist das Wesen der Machtausübung, beim Unterworfenen Angst auszulösen, weil er sich sonst fremdbestimmter Macht nicht unterziehen würde. In jedem zwischenmenschlichen Verhältnis, in welchem Macht ausgeübt wird, gibt es Angst. Kann Angst Basis der Wahrheit sein? Wir sollten uns gelegentlich einmal über Ausmaß und Rolle von Angst in unserer Gesellschaft unterhalten.

Kommen wir noch einmal zurück zum Bankgeheimnis. Die Terminologie ist eindeutig; der Begriffsinhalt ist eindeutig; die Interpretation: jeder soll lügen können, wie er will, ist unbestritten. Und trotzdem liegen Welten zwischen Bankiers und jenen, die das Bankgeheimnis aufheben wollen. Gibt es denn noch eine weitere Stufe von Wahrheit?

Die sechste Frage lautet: Wie beweise ich das, was ich als wahr vertrete?
Falls wir das Bankgeheimnis aufheben würden, würde das Vertrauen der Kunden in den Beauftragten, also die Bank, in schwerster Weise verletzt; die Privatsphäre des Menschen wäre um eine wesentliche Dimension ärmer; Zehntausende von Arbeitsplätzen wären gefährdet; der Finanzplatz Schweiz könnte zusammenbrechen – dies die Argumentation der Bankiers. Keiner wird sagen, es gehe schlicht und einfach um das Geschäft der Banken und den Gewinn

der Aktionäre. Sind deshalb die Argumente der Bankiers unwahr? Wie wollen wir beweisen, daß die Bankiers nicht recht haben? Wie wollen die Bankiers beweisen, daß sie Altruisten sind? Wie wollen wir beweisen, daß etwas Bestehendes wahr ist, wenn wir uns keine Alternative zum Bestehenden vorstellen können – also auch hier der Vergleichsmaßstab fehlt – und wenn wir dieses Andere, das Neue, das Alternative gar nicht versuchen, es gar nicht ausprobieren? Wir haben das Experiment im Labor bis zum Exzeß hochstilisiert und opfern ihm sogar Millionen von Tieren jährlich, solange es um technisches, chemisches, physikalisches und mit der Computersimulation sogar um wirtschaftliches Suchen nach neuen Lösungen geht. Sobald es jedoch um das riesige und letzten Endes entscheidende Feld des sozialen Lebens, der menschlichen Gemeinschaft geht, blocken wir jeden Versuch ab. Wir verschanzen uns hinter Tabus. ›Keine Experimente‹ wird zum politischen Credo.

›Unsere Wirtschaft steht und fällt mit der Autowirtschaft.‹ Die Tatsache ist unumstritten; der Begriffsinhalt ist unproblematisch; die Bewertung der Interpretation stellt keine Probleme, und auch die Begründung liegt auf der Hand, wenn jeder sechste oder siebente Arbeitsplatz vom Auto abhängig ist. Ist dies nun die ganze Wahrheit, mit der Konsequenz, daß in Deutschland alle Versuche, die Geschwindigkeit auf Autobahnen zu begrenzen, aus Rücksicht auf die Autoindustrie fallengelassen werden mußten – Hunderte von Menschenopfern für die Industrie als Wahrheit? –, daß in der Schweiz, entgegen aller Einsicht, der Straßenbau unvermindert weitergetrieben wird, daß in den USA alle Energiesparprogramme torpediert werden? Oder akzeptieren wir dies als Wahrheit, weil eine einzige Lösung des Problems ›Wirtschaft‹ zur einzigen Möglichkeit und damit zu *der* Wahrheit emporgehoben wird? Oder sind wir ganz einfach nicht fähig, uns neue Lösungen einfallen zu lassen? Was würden wir mit unserer heutigen Wirtschaftskonzeption machen, wenn die Menschen plötzlich sagen würden, wir sind glücklich, unsere Bedürfnisse sind befriedigt, wir wollen nicht noch mehr – also feststellen würden, daß das, was die Wirtschaft als ihre Aufgabe vorgibt, erfüllt wäre? Suche nach Wahrheit ist Fähigkeit zur Phantasie, ist die Fähigkeit, Alternativen zum Bestehenden zu entwickeln, ist die Fähigkeit, Bestehendes nicht als endgültig zu betrachten. Erziehung muß zukunftsbezogen sein, da die Kinder ja in der *kommenden* Generation leben werden. Wie das, wenn man sich das Kommende gar nicht vorstellen kann? Von den Generälen heißt es, daß sie in ihren Mitteln, ihrer Taktik, ihrem Denken immer den vergangenen Krieg vorbereiten. Das mag in der destruktiven Welt des Militärs ein Vorteil sein. Darf es auch so sein in der konstruktiven, zukunftsgerichteten Welt des Lehrers, der Eltern, der Erzieher ganz allgemein? Es muß uns gelingen, die ›schweigende Mehrheit‹ aus ihrer Isolation der Phantasielosigkeit herauszuholen, denn nur so können wir die Tabus brechen, die die Herrschenden unter dem Mäntelchen der Wahrheit zur Sicherung ihrer Privilegien errichtet haben.

Es gibt keine Erziehung zur Wahrheit, weil es *die*

Wahrheit nur in Diktaturen gibt. Aber es gibt eine Erziehung zur Wahrheitsliebe oder, anders gesagt, zur Fähigkeit, das, was einem andere als Wahrheit vorgeben, in Frage stellen zu können. Erziehung zur Wahrheit heißt, die Fähigkeit zu vermitteln, selbst nach dem suchen zu können, was ich persönlich als wahr empfinde, und mir keine angebliche Wahrheit vorschreiben zu lassen und andererseits dem Mitmenschen nicht meine Wahrheit aufzwingen zu wollen. Wäre also das nicht ein ganz entscheidender Schritt in der Suche nach Wahrheit und in der Erziehung zur Wahrheit:
Die Fähigkeit, sich Alternativen vorstellen zu können zu dem, was ist; die Fähigkeit, Phantasie haben zu können?
Aber die Vorstellung, daß etwas anders, daß etwas völlig neu sein könnte, genügt ja noch nicht. Wir müssen es doch probieren! Nur das Experiment kann zeigen, was stimmt; nur das Experiment kann zeigen, ob es keine Alternative zum Bestehenden gibt oder ob nicht das Neue denn viel mehr dem entsprechen würde, was wir anstreben und als das Wahre verwirklichen wollen.
Das Experiment wird verfemt statt begrüßt und gefördert. Der einzelne hat Angst, für sich selbst etwas anderes zu machen. Wie soll er auch? Wir alle sind ja eingespannt und eingepreßt in bestimmte Strukturen mit ihren Wertmaßstäben, Zielvorstellungen und vorgegebenen ›Wahrheiten‹. Wir brauchen Freiräume; wir brauchen Luft für das Experiment; und wir brauchen Mut, um aus den Strukturen ausbrechen zu können. Suche nach Wahrheit ist Mut zum Risiko,

und zwar nicht nur im persönlichen, sondern ebenso im sozialen, im gesellschaftlichen Bereich.
Aus diesem Grunde ist das, was wir unter der Alternativbewegung verstehen, derart ungeheuer wichtig für unsere Gesellschaft. Wie hätten wir je beweisen wollen, daß die Kommune oder die Wohngemeinschaft eine echte Alternative zur Kleinfamilie sein kann, wenn nicht ein paar ›Ausgeflippte‹ all die Diffamierungen in Kauf genommen und die Experimente gemacht hätten? Wie hätte man je beweisen wollen, daß die Selbstverwaltung eine echte Alternative zur Entfremdung sein könnte, wenn nicht Leute, die mit ihren Versuchen vielleicht sogar gescheitert sind, aufgezeigt hätten, wo die Chancen und Gefahren solcher Wirtschafts- und Lebensformen liegen? Wie hätte man je beweisen wollen, daß Kinderläden den traditionellen Kindergärten wichtige Impulse geben können, wenn nicht einige Lehrerinnen und Eltern den Mut zum Risiko gehabt hätten? Denken Sie an all die unzähligen kleinen und großen Ansätze in der Alternativbewegung, von den Versuchen in den Berggebieten, neue Gemeinschaften zu bilden, über all die Bestrebungen auf dem Gebiet der angepaßten Technologie oder der ökologischen Landwirtschaft (die ja auch soziale, nicht in erster Linie technische oder wirtschaftliche Experimente sind, da sie ein neues Bewußtsein, neue Verhaltensweisen der Umwelt, der Natur, den Mitmenschen gegenüber erfordern) bis zum VCS, dem neuen Verkehrs-Club, oder den großen Umweltorganisationen wie WWF, SGU[1], SBN[2], die

[1] Schweizerische Gesellschaft für Umweltschutz.
[2] Schweizerischer Bund für Naturschutz.

eingesehen haben, daß wir die Umwelt nur schützen können, wenn wir unserer Gesellschaft und vor allem der Wirtschaft neue Wertmaßstäbe zugrunde legen, und die sich für entsprechende Alternativen einsetzen. Das soziale Experiment! Versuchen wir endlich, ob es tatsächlich keine anderen Lösungen gäbe als die, die uns die heutigen Machthaber als einzige Möglichkeit und damit als die Wahrheit präsentieren. Wird etwas zur Wahrheit, weil es immer so war? Wie wollen Sie beweisen, was wahr ist, wenn Sie den Versuch nicht wagen, einmal etwas anderes oder etwas anders zu tun? Schöner könnte man es kaum formulieren als Pfarrer Kurt Marti in seinem kleinen Gedicht:

	Wörtlich aus der Berner Mundart übersetzt:
Wo chiemte mer hi	*Wo kämen wir hin*
wenn alli seite	*wenn alle sagten*
wo chiemte mer hi	*wo kämen wir hin*
und niemer giengti	*und niemand ginge*
für einisch z'luege	*um einmal zu schauen*
wohi daß me chiem	*wohin man käme*
we me gieng	*wenn man ginge*

Gehen wir doch endlich schauen! Kommen Sie mit?